Kultbuch WEIHNACHTEN

Friedrich Lang

Kultbuch WEIHNACHTEN

Alles, was wir lieben: vom Adventskranz bis zum Wunschzettel

KOMET

www.komet-verlag.de
Produktion: Feierabend Unique Books
Text: Friedrich Lang, mit Maria Geisler, Carolin Hiebsch,
Sarah Kyntschl und Stefanie Palm
Covermotive: Fotolia.com – Lisa F. Young, jpers, Jens Se;
Pixelio.de – Thommy Weiss, Heike-Hering, tc, Rainer Sturm (2)
Gesamtherstellung: KOMET Verlag GmbH, Köln
ISBN 978-3-89836-929-9

Inhalt

Vorwort

Alle Jahre wieder ... Jedes Jahr im Dezember wiederholen sich die gleichen Rituale. Die Wohnungen werden geschmückt, Kerzen werden aufgestellt, der Duft von Tannennadeln und Plätzchen erfüllt die Luft, und besonders die Kinder können es kaum erwarten, bis es endlich so weit ist. Weihnachten ist noch immer das größte und schönste Fest, das landauf, landab gefeiert wird. An Weihnachten finden die Familien Zeit füreinander, Besinnlichkeit kehrt ein, und die festlich erleuchteten Wohnungen lassen die Kälte draußen vergessen. Weihnachten, das ist der Tag, an dem wir die Geburt Jesu Christi feiern. Im Laufe der Jahrhunderte hat sich bei uns eine reichhaltige Weihnachtskultur entwickelt; so haben wir heute eine Vielfalt von Möglichkeiten, das Fest der Feste so zu gestalten, dass es zu einem unvergesslichen Höhepunkt des Jahres wird.

Wir haben hier die schönsten Weihnachtsbräuche und Traditionen zusammengetragen. In diesem Buch finden Sie Interessantes und Wissenswertes rund um das Thema Weihnachten. Lassen Sie sich doch anregen, das Fest in diesem Jahr einmal besonders zu gestalten. Sie werden auf den nächsten Seiten sicher etwas finden, was nach Ihrem Geschmack ist.

Adventskalender

Am 24. Dezember wartet ein besonders großes Türchen auf die Kinder.

Wer hat sich nicht in seiner Kindheit jedes Jahr aufs Neue gefreut auf die ersten Vorboten der Weihnachtszeit – den Adventskranz, die erste Kerze und den Adventskalender! Vom ersten Dezember an darf jeden Tag ein Türchen geöffnet werden bis zum Heiligabend, dem 24. Dezember, an dem ein besonders großes Türchen wartet. Nachdem die Kinder morgens die letzte Tür geöffnet haben, fiebern sie nur noch der abendlichen Bescherung entgegen. So geht das alljährliche Ritual nun schon seit beinahe hundert Jahren, in allen Bevölkerungsgruppen und -schichten. Doch wie fing das Ganze eigentlich an?

In Kaufbeuren wird selbst die Rathausfassade zum Adventskalender.

Mit einer guten Idee, die vermutlich eine besonders einfallsreiche Mutter am Beginn des 20. Jahrhunderts hatte: Sie nähte trockenes Gebäck auf einen Karton, und jeden Morgen durfte ihr Kind ein Stück davon essen. Diese Anekdote gilt gemeinhin als Geburtsstunde des gefüllten Adventskalenders, allerdings gab es die reinen Bildkalender mit oder ohne Türchen zum Öffnen vermutlich schon seit der Mitte des 19. Jahrhunderts. Besonders in protestantischen Familien beliebt war das Ritual, seinen Kindern in der Vorweihnachtszeit jeden Tag ein neues biblisches Motiv zum Anschauen zu geben. Damit verband man zwei Absichten: die religiöse Erziehung der Kinder und die Vorbereitung auf das Fest zur Geburt Christi – Weihnachten. „Advent" bedeutet „Ankunft", und gemeint ist natürlich Jesus, dessen Geburtstag man in frühchristlicher Zeit mangels genauer Kenntnis des tatsächlichen Datums auf den 25. Dezember festgelegt hatte. Die vier Wochen davor – vom ersten Advent bis zum Heiligabend – werden genutzt, um sich auf die Weihnachtsfeierlichkeiten vorzubereiten und eine besinnliche Weihnachtstimmung aufkommen zu lassen.

Es ging also ursprünglich gar nicht um das heute so wichtige Schenken, sondern um die

15
20
21
16
17
18
19
8
9
7
12
13
23
24
22
10
11
14

Vorfreude auf das nach Ostern zweitwichtigste kirchliche Fest. Erst mit Beginn der modernen, konsumorientierten Gesellschaft rückte der materielle Aspekt des rituellen Schenkens und Bescherens immer mehr in den Mittelpunkt.

Wo der Adventskalender früher also ein Ritual war, mit dem Christen sich auf den Jahrestag der Geburt Christi vorbereiteten, ist er heute oft nur noch ein Ritual, mit dem man sich auf Schlemmer- und Schenkorgien einstimmt. Jeder Supermarkt verkauft mittlerweile ab November die fertigen Kalender verschiedener Süßwarenhersteller; doch eine viel größere Freude kommt bei Kindern natürlich auf, wenn es einen selbstgebastelten Kalender gibt, bei dem sie nicht genau wissen, was drin ist. Der Phantasie sind dabei keine Grenzen gesetzt; ob bunt beklebte Streichholzschachteln an einer Schnur oder eine kleine Hausfassade mit 24 Fenstern, hinter denen sich kleine Überraschungen verbergen – meist sind die Kinder schon abends gespannt darauf, was sie am nächsten Morgen wohl im Adventskalender vorfinden.

Jeden Tag wartet eine neue Überraschung hinter den Türchen.

Eine gänzlich neue Erfindung unserer Zeit ist der Adventskalender für Erwachsene. Da ist häufig jeder Bezug zu Weihnachten völlig verschwunden, allerdings gibt es auch richtig weihnachtliche Kalender für die Großen. Das können zum Beispiel Hörbücher sein, die jeden Tag eine kleine weihnachtliche Erzählung liefern, oder Abrisskalender mit biblischen Geschichten. Natürlich gibt es den Adventskalender mittlerweile auch digital – mit 24 Musikstücken im MP3-Format. So richtig weihnachtliche Stimmung wird das zwar kaum noch bringen, aber davon hatten die Erwachsenen ja meist reichlich, als sie noch Kinder waren.

Adventskranz

Es ist so weit – in den Supermarktregalen stehen die Schokoladenweihnachtsmänner, die Tage werden kürzer, und die wohl gemütlichste Zeit des Jahres beginnt. Der Adventskranz darf da nicht fehlen.

Advent, Advent, ein Lichtlein brennt: Der Adventskranz stimmt auf das nahende Weihnachtsfest ein.

An vier Sonntagen entzünden wir die Lichter, da Papst Gregor von den ursprünglich sechs Adventssonntagen den 5. und 6. abschaffte. Bleiben also nur noch 4 Wochen, um auf die Ankunft (die ursprüngliche Bedeutung von „Advent") des Erlösers zu warten.

Früher war die Vorweihnachtszeit eine Buß- und Fastenzeit. Auch heute hat noch jeder der vier Sonntage eine festgelegte liturgische Bedeutung.

Von ursprünglich 23 Kerzen auf dem „Ur-Adventskranz" sind heute nur noch vier übrig geblieben. Sie stehen für die vier Adventssonntage.

So steht zum Beispiel der erste Advent für die Wiederkunft Christi am Jüngsten Tag. Diese Dinge sind heute fast in Vergessenheit geraten, geblieben sind die damit verbundenen Rituale wie der Adventskranz. Schon zu früheren Zeiten hängten die Menschen Kränze aus Tannengrün an die Türen, um böse Geister zu vertreiben. Und auch das Licht der Kerze steht schon seit der Antike für christliche Hoffnung inmitten der Dunkelheit.

Der heutige Adventskranz wurde allerdings erst im 19. Jahrhundert erfunden. Der Hamburger Theologe und Erzieher Johann Hinrich Wichern dachte sich ein Mittel aus, um die Kinder während der Weihnachtszeit zu beschäftigen. Er fertigte im Jahr 1839 einen großen Holzring mit Kerzen, 19 weißen und 4 roten, die die noch verbleibenden Tage bis zum Fest symbolisieren sollten. Davon blieben bis heute freilich nur noch die vier Sonntagskerzen übrig. Nach dem Ersten Weltkrieg verbreitete sich der Adventskranz zunehmend in Deutschland und wurde schnell zum festen Brauch. Seit ein paar Jahren hat der eigentlich deutsche Adventskranz seinen Siegeszug auch in anderen Ländern angetreten und ist weltweit in allen möglichen Variationen zu finden.

Besinnlichkeit

Weihnachtsstress und Besinnlichkeit lassen sich zunehmend schwer vereinbaren. Umso wichtiger ist es, sich vom Trubel zu verabschieden und sich auf den eigentlichen Sinn des Festes zu besinnen.

In unserer Vorstellung steht die gesamte Weihnachtszeit im Zeichen von Ruhe und Gemütlichkeit. Die Tage werden kürzer, wir halten uns wieder mehr drinnen auf und können es uns bei Kerzenschein mal wieder so richtig bequem machen. Klingt gut? Ja, das tut es, aber leider ist die Besinnlichkeit für die meisten nur ein frommer Wunsch.

Statt mit den Kindern Märchen zu lesen, rennen wir alle zur selben Zeit in die gnadenlos überfüllten Geschäfte und plagen uns mit völlig entnervten Verkäufern, während es uns aus jedem Geschäft entgegenschallt: „Last Christmas I gave you my heart ...". Wenn das Weihnachtsfest dann tatsächlich vor der Tür steht, sind wir schließlich so kaputt, dass wir nur noch eines brauchen: Urlaub! Stattdessen muss alles perfekt sein, wenn dann die Verwandten vor der Tür stehen. Früher war die Adventszeit eine von der Kirche vorgegebene Fastenzeit, die am 11. November anfing und bis zum 6. Januar, dem ursprünglichen Weihnachtsfest, dauerte. Sie diente der inneren Einkehr und Vorbereitung auf die Ankunft des Herrn. Die Adventszeit war also tatsächlich einst besinnlich.

Ein Schneespaziergang durch die Winterlandschaft bleibt in Bundesländern mit mildem Klima an Weihnachten oft leider nur ein Wunschtraum.

Erst mit der Kommerzialisierung fing der Stress an. Seit 1917 wird auch das Adventsfasten nicht mehr von der katholischen Kirche vorgeschrieben. Allerdings gibt es heute von kirchlicher Seite Bestrebungen, dem entfesselten Treiben vor Weihnachten Einhalt zu gebieten. So wird zum Beispiel gegen Ladenöffnungen an Sonntagen protestiert.

Am besten besinnen wir uns wieder auf den eigentlichen Sinn dieser Tage, lassen das vergangene Jahr Revue passieren, denken über unsere Wünsche und Ziele nach oder beschäftigen uns mit ganz altmodischen Dingen wie der Nächstenliebe.

Bratapfel

Überall duftet es in der Weihnachtszeit gut – nach Lebkuchen, Gewürzen und oft auch nach Bratapfel. Auch wenn er heute nicht mehr stilecht im Kachelofen zubereitet wird, ist er dennoch ein Inbegriff der Gemütlichkeit an langen, kalten Winterabenden, beliebt bei Groß und Klein. Für jeden Geschmack gibt es das passende Rezept. Da wäre zum Beispiel der fast naturbelassene Apfel, der nach dem Backen nur mit Zucker und Zimt bestreut wird. Die wohl bekannteste Variante ist der mit einer Mischung aus Nüssen, Rosinen und Gewürzen gefüllte Apfel. Auch für Gourmets mit gehobenen Ansprüchen gibt es zahlreiche Varianten. Man könnte zum Beispiel Vanilleeis oder -soße dazu servieren oder auch eine Weinschaumcreme. Der Phantasie und Experimentierfreude der Hobbyköche sind wie immer keine Grenzen gesetzt. Worauf man allerdings achten sollte, ist die Verwendung von möglichst säuerlichen Lageräpfeln wie Boskoop oder Cox Orange, da diese sehr intensiv im Geschmack sind. Wer aber glaubt, einen Bratapfel könne man nur im Ofen zubereiten, der irrt: Eine sehr schnelle Variante ist die Zubereitung in der Mikrowelle. Apfel entkernen, je nach Rezept befüllen, in eine Schüssel setzen und etwa 4 Minuten bestrahlen lassen. Es gibt sogar ein Gedicht über den Bratapfel, das wohl vielen Kindern bekannt sein dürfte. Der Verfasser ist leider unbekannt, sicher ist aber, dass das Gedicht aus Bayern stammt und um die vorletzte Jahrhundertwende entstand.

Im Ofen schmort ein weihnachtlicher Leckerbissen.

Der mit Nüssen, Rosinen und Gewürzen gefüllte Apfel wird meist mit Vanillesoße serviert.

Kinder, kommt und ratet,
was im Ofen bratet!
Hört, wie's knallt und zischt.
Bald wird er aufgetischt,
der Zipfel, der Zapfel, der Kipfel,
der Kapfel, der gelbrote Apfel.

Na dann, guten Appetit!

Bethlehem

Stadt der Gastfreundschaft und Geburtsstätte Christi

Er ist wohl einer der wichtigsten Orte für die Christen dieser Welt – Bethlehem, die Geburtsstätte Jesu Christi. Die Deutungen des Ortsnamens sind ebenso vielfältig wie die Kulturen, die hier zusammen leben. Der Wortteil „bet" oder „bayt" bedeutet im Arabischen „Haus". Die zweite Hälfte des Namens ist schon schwieriger zu deuten; das arabische Wort „lahm" heißt „Fleisch", das hebräische „lechem" steht für „Brot". Bethlehem könnte also sowohl „Haus des Brotes" als auch „Haus des Fleisches" bedeuten, in beiden Fällen wahrscheinlich ein Hinweis auf die Gastfreundschaft der Stadt. Anderen Interpretationen zufolge bedeutet „Bethlehem" allerdings auch „Stadt des Kampfes".

In Bethlehem leben auf engstem Raum die verschiedensten religiösen Gemeinschaften nebeneinander. Dazu gehören neben den sunnitischen Muslimen die christlichen Konfessionen: Katholiken, Orthodoxe, Protestanten. Der Bürgermeister von Bethlehem muss in Anbetracht der religiösen Bedeutung, die die Stadt für Christen hat, entweder römisch-katholischer oder griechisch-orthodoxer Konfession sein – eine Regelung, die bei der muslimischen Bevölkerung nicht gerade beliebt ist.

Obwohl Bethlehem als Geburtsort König Davids gilt, leben heute nur wenige Juden in der Stadt. Als Geburtsort Christi war sie dagegen schon früh ein wichtiger Pilgerort für Christen. Bereits im Jahre 333 n. Chr. wurde die sogenannte Geburtskirche direkt über der Höhle gebaut, die als Jesu Geburtsort gilt. Sie gehört wohl zu den ältesten Kirchenbauten dieser Welt.

Nicht wirklich klar ist allerdings, ob Jesus tatsächlich in einer Höhle geboren wurde oder doch in einem Haus. Fest steht nur, dass die Vorstellung von einem Stall vermutlich unserem westlich geprägten Weltbild entsprang und nichts mit den damaligen örtlichen Begebenheiten in Palästina zu tun hat.

Heute gehört Bethlehem zu den palästinensischen Autonomiegebieten. In jüngerer Zeit entwickelte es sich zu einer beliebten Touristenstadt, was zum größten Teil an der Nachbarschaft zur Metropole Jerusalem liegt. Viele Besucher zogen die preiswerteren Hotels in Bethlehem dem teuren Jerusalem vor, und so florierte das Geschäft in Bethlehem. Seit dem erneuten Aufflammen des Nahostkonfliktes im Jahr 2000 wurde allerdings eine Mauer zwischen den beiden Städten gebaut. Dies führte dazu, dass der Tourismus in Bethlehem stark abnahm.

Viele Christen zogen fort, so dass die Stadt heute mehrheitlich muslimisch ist. Viele Geschäfte und Hotels schlossen ihre Pforten, und heute erstrahlt die Stadt nur noch in der Weihnachtszeit in ihrem einstigen Glanz.

Zahlreiche Kirchen und Moscheen prägen das Bild der Stadt.

Bûche de noël

Weihnachtliche Gemütlichkeit gilt oft als deutsche Spezialität – doch auch unsere westlichen Nachbarn haben eine reizvolle Weihnachtskultur. Das hohe Fest ist in Frankreich ganz wie bei uns das wichtigste Familienereignis des Jahres, und schon lange vor den Feiertagen wird alles festlich geschmückt. Der Christbaum wird mit Spielzeug, Früchten und Naschwerk behangen. In vielen Familien gibt es eine Weihnachtskrippe, und natürlich darf für die Kinder der Adventskalender nicht fehlen.

Feuerwerk und Champagner: Man könnte meinen, es ist schon Silvester.

Der 24. Dezember ist in Frankreich ein normaler Arbeitstag. Abends versammelt sich dann die ganze Familie und feiert „le réveillon" („Heiligabend"). Dazu gehört traditionell ein mit Maronen garnierter Truthahn, Champagner und andere Köstlichkeiten. Dann geht die ganze Familie in die Kirche zur Mitternachtsmesse, und anschließend gibt es meist ein Feuerwerk. Man könnte also fast denken, dass schon Silvester ist. Wer einen Ofen oder Kamin hat, verbrennt einen dicken Holzscheit, dessen Asche am nächsten Tag auf ein Feld gestreut werden muss. Früher sollte dieser Brauch eine gute Ernte bescheren, jetzt hofft man wohl allgemeiner auf Glück für das kommende Jahr. Wer nicht die Möglichkeit hat, einen Stamm zu verbrennen, verzehrt einfach den gleichnamigen Kuchen „bûche de noël" („Weihnachtsstamm"), eine baumstammförmige Buttercremetorte. Ob das mehr Glück als Kalorien bringt, ist umstritten, auf jeden Fall schmeckt es vorzüglich.

Der traditionelle französische Weihnachtskuchen „bûche de noël"

In der Nacht vom 24. auf den 25. Dezember steigt dann der „père noël" (Weihnachtsmann) heimlich durch den Kamin und steckt die Geschenke für die Kinder in die dafür bereitgestellten Schuhe. Nach dem gemütlichen Zusammensein am ersten Feiertag muss man in Frankreich jedoch schon wieder arbeiten gehen und auf das nächste Weihnachtsfest warten.

Carols by the Candlelight

Wer wünscht sich nicht eine weiße Weihnacht? Hierzulande beschweren wir uns, weil es nicht so viel schneit wie im gefühlten „Früher" und die Weihnachtsstimmung nicht so recht aufkommen will.

In Australien ist es im Dezember so heiß, dass man nicht einmal normale Kerzen für die Weihnachtsbäume benutzen kann – sie würden schmelzen. Tannenbäume verlieren im warmen Klima extrem schnell ihre Nadeln. Begnügt man sich mit Plastikbäumen, Lichterketten und Kunstschnee, ist es aber fast wie in Europa. Natürlich schallen auch in Australien lautstark die Weihnachtslieder aus den Lautsprechern der Einkaufzentren. Wenn nur diese Hitze nicht wäre! Statt Glühwein und gemütlichem Beisammensein am Kamin versammelt sich in Australien die ganze Familie im Garten oder am Strand, anstelle von Entenbraten gibt es ein zünftiges Barbecue. Es soll sogar Weihnachtsmänner geben, die mit Badehose und Rauschebart bekleidet Jetski am Strand fahren und Geschenke verteilen. Traditionell findet die Bescherung in Australien am 25. Dezember statt.

Barbecue und Kunstschnee: In Australien gerät Weihnachten zur Sommerparty.

Im Land der Kängurus gibt es keine weiße, sondern eine heiße Weihnacht.

Eine sehr beliebte Tradition sind die „Carols by Candlelight", die in allen größeren Städten stattfinden: Am Heiligabend nehmen die Leute Kerzen und setzen sich in die Parks. Dort treten dann Orchester, Chöre und Bands auf und spielen vor allem altbekannte Weihnachtslieder. Ob Jung oder Alt, jeder singt mit, und so kommt bei hochsommerlichen Temperaturen allmählich eine für uns ganz ungewohnte Weihnachtsstimmung auf.

Wer dennoch lieber weiße statt heiße Weihnachten bevorzugt, dem bleibt nur die Flucht in winterliche Länder, oder man verlegt das Fest in den australischen Winter. Manche Australier feiern Weihnachten tatsächlich ersatzweise am 25. Juni. Ob es dann auch zweimal im Jahr Geschenke gibt, das bleibt noch herauszufinden.

Merry
Christmas

Christbaum

Auch wenn jede Familie ihre ganz eigene Art hat, Weihnachten zu feiern, so darf doch eine Sache auf keinen Fall fehlen: der festlich geschmückte Christbaum. Der Tannenbaum, so wie wir ihn heute kennen, ist noch ein recht junger Brauch, und seine Ursprünge sind nicht klar auszumachen. Man weiß aber, dass schon in frühen Zeiten im Winter immergrüne Zweige in den Häusern aufgehängt wurden, um sich vor bösen Geistern zu schützen. Außerdem standen immergrüne Pflanzen für Lebenskraft, sollten Gesundheit ins Haus bringen, und nicht zuletzt signalisierten sie die Hoffnung auf einen bald wiederkehrenden Frühling.

Strahlender Mittelpunkt des weihnachtlich geschmückten Wohnzimmers

In dunklen, kalten Winternächten vermittelt der Christbaum Wärme und Geborgenheit.

Aus dem Mittelalter stammt der Brauch, Bäume zu schmücken, so zum Beispiel den Maibaum oder auch den Richtbaum. In den Kirchen gab es schon damals in der Weihnachtszeit sogenannte Paradiesspiele, in denen die Vertreibung Adams und Evas aus dem Paradies dargestellt wurde. Traditionell gehörte ein mit Äpfeln behangener Paradiesbaum dazu. Auch dieser ist ein Vorläufer unseres heutigen Christbaums.

Erstmals wurde ein geschmückter Baum außerhalb einer Kirche vermutlich zur Weihnachtszeit in Freiburg aufgestellt. Die Bäckerzunft soll einen Baum mit allerlei Naschwerk, Nüssen und Früchten behängt haben, damit ihn die Kinder zum Neujahrsfest abschütteln konnten. Diese Geschichte ist nicht genau belegt, doch mit größerer Sicherheit kann man sagen, dass der erste wirkliche Weihnachtsbaum aus dem Elsass stammt. Schon im Jahre 1539 soll in Straßburg ein großer Tannenbaum vor dem Münster aufgestellt worden sein, und von da an verbreitete sich der immergrüne Baum langsam, aber sicher. Anfangs waren Nadelbäumchen durchaus teuer, und so mussten sich weniger wohlhabende Menschen damit begnügen, ein paar Zweige zu schmücken.

Der wohl berühmteste Weihnachtsbaum steht in New York am Rockefeller Center.

Zunächst stand auch die Kirche diesem sich ausbreitenden Brauch kritisch gegenüber, weil man ihn zunächst als heidnisches Relikt betrachtete. Der Trend zum Baum war aber kaum aufzuhalten, und als ihn die Reformatoren schließlich zum Weihnachtssymbol eines jeden „rechtgläubigen" Protestanten erhoben, um sich vom katholischen Brauch der Weihnachtskrippe abzugrenzen, trat der Christbaum endgültig seinen Siegeszug an. Ab dem Jahre 1611 schmückte man den Baum nach dem Vorbild der Herzogin Dorothea Sybille von Schlesien auch mit Kerzen und brachte somit Licht in die dunklen Wintertage.

Im 19. Jahrhundert verbreitete sich der Weihnachtsbaum allmählich in ganz Europa, und durch einen deutschstämmigen Harvard-Professor soll der erste Tannenbaum im Jahre 1832 in den USA aufgestellt worden sein. Den ersten öffentlichen Weihnachtsbaum errichtete ein Buchhändler im Jahr 1815 in Weimar, um allen Menschen eine Freude zu machen. In den USA setzte sich diese Tradition erst später durch.

1912 wurde erstmals ein mit elektrischen Kerzen beleuchteter Baum am Madison Square in New York aufgestellt, und etwa zwanzig Jahre später begann die Geschichte eines der bekanntesten Weihnachtsbäume der Welt. Heute kennt man ihn aus zahlreichen Filmen; ursprünglich diente er als Weihnachtsgeschenk für die Bauarbeiter des Rockefeller Centers im Jahr 1931. Zwei Jahre später wurde der Baum erstmals festlich mit Kerzen geschmückt und wechselte von da an alle paar Jahre

seine Dekoration. Die reichte von Wunderkerzen über Eiszapfen bis zu Plastikglocken, natürlich immer unterstützt von unzähligen Glühbirnen. Im Jahr 2004 kam dann der große Stern für die Spitze hinzu; er wurde von einem wohlbekannten Juwelier hergestellt, misst 3 Meter im Durchmesser und wiegt ganze 250 Kilogramm. Alles in allem handelt es sich also um einen Baum der Superlative, der wahrscheinlich gerade dadurch für die New Yorker zum Weihnachtssymbol schlechthin geworden ist. Auch in vielen anderen Städten und Teilen der Welt ist der Christbaum aus dem vorweihnachtlichen Stadtbild und natürlich aus den Wohnzimmern nicht mehr wegzudenken. Und die Tradition breitet sich tatsächlich immer weiter aus. So gibt es zum Beispiel seit ein paar Jahren auch in China den Trend zum eigentlich christlichen Brauch.

Und schon bald singt man vermutlich auch in Peking, Shanghai und Hongkong „O Tannenbaum“.

Christbaumschmuck

Ein festlich geschmückter Christbaum gehört wohl für die meisten selbstverständlich zum Weihnachtsfest. Meist wird der Baum im Kreise der Familie am Vormittag des 24. Dezember aufgestellt und festlich geschmückt. Früher wurde der Baumschmuck sogar selbst hergestellt. Man bastelte schon in der Vorweihnachtszeit Girlanden aus buntem Papier; wer es sich leisten konnte, kaufte dazu Zuckerpüppchen und Zuckerstangen. Auch Äpfel und Nüsse waren ein beliebter Baumschmuck und wurden oftmals vergoldet oder versilbert, um die festliche Atmosphäre noch zu steigern. Beliebt war es auch, Figuren aus Teig selbst zu backen und sie dann bunt anzumalen. Die verwendeten Motive mussten dabei nicht unbedingt weihnachtlich sein, sondern konnten auch dem Alltag der jeweiligen Zeit entstammen. Zur Zeit der industriellen Revolution stellte man beispielsweise gerne Maschinen dar. Erst ab dem 19. Jahrhundert verschwand der schöne Brauch, den Christbaumschmuck im Kreise der Familie selbst herzustellen.

Von Äpfeln und Nüssen bis zur bunten Kugel aus Glas

Die oft kunstvoll gearbeiteten Kugeln sind in allen Variationen erhältlich.

Der Legende nach soll ein armer Glasbläser aus dem thüringischen Städtchen Lauscha die ersten Christbaumkugeln aus Glas hergestellt haben, weil er sich keine Äpfel und Nüsse leisten konnte. Ob diese Geschichte tatsächlich stimmt, ist heute nicht mehr nachvollziehbar, aber sicher ist, dass der erste Auftrag für die Herstellung von Baumkugeln aus dem Jahre 1848 stammt. Lange Zeit waren die Lauschaer Glasbläser die einzigen, die die verspiegelten Glaskugeln produzierten. Das änderte sich jedoch, als man Ende des 19. Jahrhunderts auch in den USA den Reiz des deutschen Baumschmucks für sich entdeckte. Von nun an wurden die Glaskugeln auch industriell hergestellt und nach Deutschland importiert. Damit wurde dieser neuartige Christbaumschmuck für viele Menschen erschwinglich und konnte sich als typisches Weihnachtszubehör durchsetzen. Für viele ist die glänzende Kugel sogar zum Sammelobjekt geworden – ein durchaus lohnenswertes Unterfangen, wenn man bedenkt, welch eine unglaubliche Vielfalt an Motiven und Farben es gibt. So kann heute jeder seinen Baumschmuck mit ganz persönlicher Note zusammenstellen.

Christkind

Leise fallen dicke, weiße Schneeflocken vom Himmel und decken alles zu. Eine kleine Nase drückt sich gegen das Fenster, und vor Vorfreude glänzende Kinderaugen spähen in die Dunkelheit. Ob wohl das Christkind schon bald kommt? Jedes Jahr aufs Neue werden viele Kinder versuchen herauszufinden, wer denn der Geschenkebringer ist. Aber das Christkind kommt heimlich, still und leise, und alles, was bleibt, sind ein paar Spuren im Schnee.

Eine Erfindung der Protestanten tritt ihren Siegeszug an.

Vor allem im katholisch geprägten Süddeutschland bringt in der Vorstellung der Kinder noch heute das Christkind die Geschenke, auch wenn es ursprünglich eine Erfindung der Protestanten war. Bis zur Zeit der Reformation brachte der Nikolaus überall in Deutschland die Geschenke, und zwar nicht am Heiligen Abend, sondern am 6. Dezember, dem Nikolaustag. Die protestantische Kirche nahm allerdings Anstoß an der extremen Heiligenverehrung der Katholiken. Man beschloss, den Nikolaus weitestgehend „abzuschaffen", wollte natürlich aber gleichzeitig nicht auf den Brauch des Schenkens verzichten. Kurzerhand wurde also das Christkind erfunden, das seitdem mit Knecht Ruprecht am 24. Dezember durch die Gegend zieht und Geschenke verteilt.

Das Nürnberger Christkind wird jedes Jahr neu gewählt.

Nach und nach hat sich der Glaube an das Christkind auch bis ins katholische Süddeutschland verbreitet. Dann verschwand das Christkind jedoch schon wieder aus der Phantasie vieler Kinder und wurde durch den Weihnachtsmann ersetzt.

Es ist also ein Kommen und Gehen, und wer weiß, ob es in ein paar Jahren den Weihnachtsmann noch gibt, der kommt um Geschenke an die Kinder zu verteilen? Was auf jeden Fall bleiben wird, sind die geheimnisvolle Stimmung am Weihnachtsabend, die Spannung und Kinder, die es nicht lassen können, durch Schlüssellöcher nach dem Geschenkebringer zu schauen.

Christmette / Christvesper

Für viele Menschen, ob gläubig oder nicht, gehört der weihnachtliche Gottesdienst einfach zum Fest dazu. Je nach Konfession und Region gibt es große Unterschiede, was den Zeitpunkt und den konkreten Inhalt der Messe angeht.

In der katholischen Kirche feiert man traditionell die Christmette. Eine Mette bezeichnet eigentlich das in der Nacht abgehaltene Morgengebet, früher auch oft als „Matutin“ bezeichnet. Dieser Begriff leitet sich vom lateinischen „matutina“, der Morgenstunde, ab. Die heutige Christmette entstand aus der morgens stattfindenden Messe am ersten Weihnachtsfeiertag und der Matutin der Christnacht. Sie wird normalerweise um 24 Uhr abgehalten. In vielen Gemeinden wurde der Beginn der Messe aber auch auf 22 oder 23 Uhr vorverlegt. Es gibt natürlich trotzdem noch die Messe am Morgen des 25. Dezember, wobei sich der Inhalt beider Gottesdienste stark unterscheidet. Nachts wird von der Geburt Christi nach dem Lukas-Evangelium gesprochen, in den Morgenstunden geht es dann um die Erscheinung der Engel vor den Hirten und die Anwesenheit der Hirten im Stall.

Manche feiern sie in der Nacht, andere am Nachmittag.

In der evangelischen Kirche heißt die Christmette „Christnacht“, sie stellt jedoch nicht den wichtigsten Weihnachtsgottesdienst dar. Vielmehr feiert man die Christvesper am späten Nachmittag des 24. Dezember. Dieser Brauch wurde zur Zeit der Reformation eingeführt, um vermeintlich „unsittliches“ nächtliches Treiben zu unterbinden. Meist findet die Christvesper zwischen 16 und 18 Uhr statt. Im Mittelpunkt steht die Weihnachtserzählung von der Geburt Christi aus dem Lukas-Evangelium, aber auch die Weissagungen der Propheten im alten Testament. In vielen Kirchen ist es Tradition, ein Krippenspiel aufzuführen, das häufig von den Kindern der Christenlehre-Gruppe oder den Konfirmanden vorbereitet wird. Die Kinder verkleiden sich und spielen die ganze Weihnachtsgeschichte, von der Herbergssuche

Der Weihnachtsgottesdienst ist immer besonders feierlich und ein prächtiger Christbaum darf nicht fehlen.

bis zur Ankunft der Heiligen Drei Könige in Bethlehem. Der Gottesdienst mit Krippenspiel findet in der Regel recht früh statt und ist immer ein Familiengottesdienst. Eine weitere wichtige Rolle spielt das gemeinsame Singen von traditionellen Weihnachtsliedern wie „Stille Nacht, heilige Nacht", und in manchen Gemeinden begleitet ein Chor den Ablauf des Gottesdienstes. Obwohl viele auch zur Christnacht gehen, stellt die Christvesper doch den zentralen Weihnachtsgottesdienst der evangelischen Kirche dar. Der nächtliche Gottesdienst betont die Symbolik des von Gott gesandten Lichtes in Person des Jesuskindes, außerdem gilt die Nachtwache an wichtigen Festtagen bei vielen als eine wichtige christliche Tugend.

Die Auswahl an Möglichkeiten, wie man die heilige Nacht verbringen kann, ist also groß, aber die Hauptsache bleibt wohl immer die besondere Feierlichkeit und die zur Besinnung einladende Atmosphäre der geschmückten Kirche in der Dunkelheit.

Dresdner Christstollen

Der Christstollen darf wohl auf keiner weihnachtlich gedeckten Kaffeetafel fehlen. Viele schwören auf seine Herkunft aus Dresden, der „Stollenstadt".

Als anfängliches Fastengebäck durfte der Stollen weder Butter noch Milch enthalten, und so bestand er nur aus Mehl, Hefe und Wasser – eine reichlich trockene und wohl auch fade Angelegenheit. Schließlich wandte sich der sächsische Kurfürst persönlich an den Papst und erreichte eine Aufhebung des Butterverbots. 1491 veröffentlichte der Papst den sogenannten „Butterbrief", der gehaltvollere Zutaten für die Herstellung des Stollens erlaubte. Wer davon profitieren wollte, musste allerdings eine Sonderabgabe an den Vatikan leisten. Schon bald wurden die ersten Stollen auf dem Dresdner Striezelmarkt verkauft. Noch heute findet dort das alljährliche Stollenfest statt, immer am Samstag vor dem 2. Advent. Den Grundstein dafür legte August der Starke, als er im Jahr 1730 für eine große Feierlichkeit einen 1,8 Tonnen schweren Riesenstollen in Auftrag gab. Noch heute wird jedes Jahr im Innenhof des Dresdner Zwingers ein Riesenstollen enthüllt und zugunsten von gemeinnützigen Zwecken verkauft.

Nur echt, wenn er in der Elbmetropole hergestellt wurde: Ein Dresdener Christstollen ist ein besonderer Genuss.

Kaum zu glauben, dass der Christstollen ursprünglich ein Gebäck für die Fastenzeit war.

Es gibt seit 1991 sogar einen Schutzverein für den Christstollen, der inzwischen auch beim Patentamt eingetragen ist. Rund 150 Dresdner Bäckereien können sich rühmen, den „Original Dresdner Christstollen®" herzustellen.

Man sollte den Stollen nicht frisch verzehren, sondern besser zwei bis vier Wochen vor dem Fest kaufen und an einem möglichst kühlen und feuchten Ort lagern. So kann der Stollen sein volles Aroma entfalten und trocknet nicht aus. Außerdem ist es geraten, den Stollen von der Mitte aus anzuschneiden und die Hälften beim Lagern wieder zusammen zu schieben; dazu eine Tasse Kaffee – na dann, guten Appetit!

Essen an Heiligabend

So unterschiedlich, wie die Geschmäcker sind, so vielfältig sind auch die Traditionen am Heiligen Abend. Es gibt kein Gericht, das man einheitlich als „Heiligabend-Speise" bezeichnen könnte, dafür haben aber die meisten Familien ihre eigenen Gewohnheiten. Ein weitverbreitetes Ansinnen scheint jedoch zu sein, dass die Vorbereitung des Essens möglichst wenig Zeit in Anspruch nehmen sollte, da der 24. Dezember ja kein arbeitsfreier Tag ist. Außerdem sind vor dem Fest noch so viele Dinge zu erledigen, zum Beispiel das Schmücken des Christbaumes oder das Verpacken der Geschenke. Ein ausgedehntes Festessen würde wohl auch die Geduld der Kinder über die Maßen strapazieren, wenn die Bescherung erst nach dem Essen stattfindet. Man kocht also etwas, was sich gut vorbereiten lässt und wenig Aufwand erfordert. Sehr verbreitet ist es, an Heiligabend Kartoffel- oder Heringssalat mit Würstchen zu essen. Manchmal werden die Würstchen auch durch Backfisch oder Ähnliches ersetzt, je nach Geschmack. Auch Pasteten, Aufläufe, Fondue und Raclette sind sehr beliebt. In manchen Regionen isst man dagegen Sauerkraut mit Wurst oder Kasseler. Manche bevorzugen ein vorwiegend kaltes Essen, bei dem es viele verschiedene Dinge wie Lachs, gefüllte Eier und Salate gibt. Auch eine Suppe oder ein Eintopf kann genügen, und es ist ja vielleicht ganz ratsam, seinen Magen zu schonen, denn an den Weihnachtsfeiertagen warten ja meist die fetten Braten.

Vor dem weihnachtlichen Festmahl sind meist einfache Gerichte gefragt.

Würstchen mit Kartoffelsalat gehören vielerorts an Heiligabend zum festen Programm. Fürstlich gespeist wird dann am folgenden Tag.

Manche Regionen allerdings pflegen noch relativ einheitliche Traditionen. So wird im Erzgebirge und im Vogtland an Heiligabend das „Neunerlei" serviert. Es handelt sich dabei um

Je nach Region sind Fondue, Raclette oder Aufläufe sehr beliebt. Hauptsache einfach.

ein festliches Essen, das aus neun Gerichten besteht. Die Mehrzahl der einzelnen Bestandteile variiert stark von Ort zu Ort, aber Linsen und Klöße dürfen nie fehlen. Jeder Teil des Essens hat eine eigene Bedeutung. Die Linsen sollen dafür sorgen, dass einem das kleine Geld nicht ausgeht, wohingegen die Klöße für das große Geld zuständig sind. Sauerkraut soll ein „saures" Leben verhindern, und Bratwurst erhält die Herzlichkeit und verleiht Kraft. Es gibt noch viele weitere Bestandteile und Bedeutungen, aber Hauptsache ist, dass es sich um genau neun Gerichte handelt. Denn die Neun lässt sich durch drei teilen, und die Drei ist eine Glückszahl. Wer also diesen Brauch pflegt, dem wird dreifaches Glück beschert.

Gedichte aufsagen

In den meisten deutschen Familien kommt an Heiligabend der Weihnachtsmann zu Besuch. Unter der Verkleidung mit weißem Bart, rotem Mantel und dem Sack voller Geschenke verbirgt sich oft ein verkleideter Nachbar, Freund oder einfach der eigene Opa. Nun hat die große Stunde der Kleinen geschlagen. Denn in manchen Familien ist es Tradition, dass die Kinder ein Gedicht aufsagen oder ein Lied singen. Erst dann bekommen sie ihre Geschenke. Das Fest der Liebe ist häufig auch das Fest des Dichtens, Singens und Vortragens, auch wenn das nicht unbedingt jedes Kind in einen Freudentaumel versetzt. Ist es für die einen die große Stunde, in der sie den Erwachsenen und besonders dem ehrfurchteinflößenden Weihnachtsmann beweisen können, was sie gelernt haben, würden die anderen am liebsten hochrot im Boden versinken.

Wer ein besonders schönes Gedicht aufsagt, wird vom Weihnachtsmann belohnt.

Schon die Kleinsten wollen den netten Mann im roten Mantel beeindrucken.

Oft werden die Gedichte und Lieder schon wochenlang vorher in den Schulen, Kindergärten und Horten geübt, damit dann am großen Tag nichts schiefgeht. Bei der Vielfalt an Weihnachtsgedichten, von „Knecht Ruprecht“ bis Eichendorffs „Weihnachten“, sollte für jeden etwas Passendes dabei sein. Aber woher kommt der Brauch, ein Gedicht aufsagen zu müssen?

Der heilige Nikolaus war der Schutzpatron der Schüler. Dass der Nikolaus zum Weihnachtsmann wurde und Groß und Klein schon lange nicht mehr unterscheiden können, wer wer ist – das ist eine andere Geschichte. Klar ist jedenfalls, mit dem Gedichteaufsagen zollt man dem strengen Mann mit dem vollen Geschenkesack Respekt.

Ein kleines Gedicht soll Freude bringen und vielleicht auch einen klitzekleinen Lerneffekt haben. Pädagogisch wertvoll ist es außerdem auch für die Eltern. Denn nur noch die Hälfte der Deutschen kann aus dem Stegreif ein Gedicht rezitieren. So können heute also auch die Großen von den Kleinen lernen.

Geschenk

Dem einen eine große Freude, dem anderen jährlich wiederkehrender Stress – die Weihnachtsgeschenke. Das Schenken ist fest in den meisten Kulturen verankert und geht auch bei uns auf sehr alte Rituale und Traditionen zurück. Zum Beispiel überreichten sich bereits die alten Römer zum Neujahrsfest kleine, symbolische Geschenke. Dabei handelte es sich meist um frisches Obst oder den Zweig eines Baumes, und man wünschte sich somit Glück für das kommende Jahr. Im frühen Mittelalter, zur Zeit der Merowinger und Karolinger, war es bereits üblich, sein eigenes Ansehen unter Adligen durch großzügige Schenkungen zu steigern. Meist wurden Trophäen aus Beutezügen verschenkt, was damals als Symbol für Stärke und Macht galt. Außerdem musste das einfache Volk zu besonderen Anlässen Geschenkabgaben an den Hof machen. Bei den Merowingern geschah das noch auf freiwilliger Basis, unter den Karolingern war es schon Pflicht, und nur der Wert des Geschenkes war nicht festgelegt. Es war auch durchaus üblich, dass geistliche und weltliche Würdenträger Geschenke an das Volk verteilten. Die Kirche hat den Sinn des Schenkens im Laufe der Zeit maßgeblich verändert. Man verband das Schenken nun immer mehr mit dem Wunsch nach ewigem Leben. So schenkte man der Kirche Teile seines Vermögens und tauschte somit gewissermaßen materielle Güter gegen eine Platzreservierung im Paradies. Wie so oft lief auch diese Tradition im Laufe der Zeit etwas aus dem Ruder, so waren nicht alle dieser „Schenkungen" gänzlich freiwillig.

Früher beschenkte man sich zum Neujahrsfest.

Aus der alten Tradition des Schenkens zum Neujahrsfest wurde schließlich das weihnachtliche Schenken, bei dem man Freunden und Nachbarn als Erinnerung an die Geburt Christi Geschenke überreichte. Außerdem war es durchaus üblich, in der Weihnachtszeit die Armen und Bedürftigen zu beschenken. In die-

sem Sinne sollte auch heute noch das Weihnachtsfest stehen, allerdings artet das Fest oftmals in einen einzigen Geschenkemarathon aus und stürzt viele in vorweihnachtlichen Stress. Der Erwartungsdruck ist heutzutage enorm, und nicht selten verwandelt sich die freudige Überraschung unterm Christbaum schnell in Enttäuschung. Dabei sollte es mehr um die Geste gehen als um die materielle Bereicherung. Auch gilt es heutzutage nicht mehr als Todsünde, ungeschätzte Geschenke umzutauschen. Doch mittlerweile entziehen sich immer mehr dem weihnachtlichen Schenkzwang. In vielen Familien schenken sich die Erwachsenen nur Kleinigkeiten oder gar nichts, lediglich die Kinder werden üppig bedacht. Die hätten vermutlich auch wenig Verständnis für konsumkritische Enthaltung.

Oft sind Geschenke so schön verpackt, dass es fast schade ist, sie auszupacken.

Geschenkpapier

Alle Jahre wieder findet man viele Geschenke unter dem Christbaum. Hell erleuchtet präsentiert sich der grüne Baum, unter ihm ein Berg von Präsenten in schillernden Farben. Die Geschenke bestechen durch ihre kreativen Verpackungen und sind ideenreich von buntem Geschenkpapier umhüllt. Das bringt vor allem Kinderaugen zum Strahlen, aber auch die Älteren freuen sich über eine hübsch verpackte Kleinigkeit.

Eine schöne Verpackung steigert die Vorfreude auf den Inhalt.

Weihnachten steht nicht nur für Besinnlichkeit und innere Einkehr, sondern das Fest ist auch die Zeit des Schenkens. Damit Ihr Geschenk den perfekten Auftritt hat, sollten Sie auch an der Verpackung nicht sparen.

Unbegabte Schenker können ihre Präsente meist schon im Geschäft perfekt einpacken lassen, Romantiker bevorzugen Folien- und Schleifenberge, und auch einfach in Pack- oder Zeitungspapier verhüllt machen die Gaben eine gute Figur. Der Kreativität sind keine Grenzen gesetzt.

Wer die Wahl hat, hat die Qual – Geschenkpapier gibt es in unzähligen Farben und Mustern.

Seien Sie mal ehrlich – ein Geschenk, das schön umhüllt ist, kommt einfach viel besser an. Da kann man noch die Spannung vor der Gewissheit, was denn nun drin ist, so richtig auskosten. Vielleicht ist das ja noch aus unseren Kindertagen erhalten, als wir die Spannung vor dem Aufreißen des Papiers kaum aushalten konnten.

Früher hob man das Papier übrigens auf und verwendete es im folgenden Jahr wieder. Das Papier wurde nur vorsichtig aufgemacht und anschließend wieder glattgebügelt. Heute wird das nur noch in wenigen Familien so gehandhabt, denn Geschenkpapier erhält man im Überfluss in jedem Geschäft. Dort wird es in ganz unterschiedlichen Farben, Mustern und Materialien angeboten. Ob nun pompös oder minimalistisch, mit der richtigen Verpackung wird das Geschenk auf jeden Fall zum ganz besonderen Hingucker!

Glühwein

Wenn es im Dezember langsam richtig kalt wird und das Weihnachtsfest näher rückt, stehen wieder stimmungsvolle Weihnachtsmarktbesuche bevor. Wir lassen uns von den Zuckerbäckern verwöhnen, stöbern nach Geschenken, und eine Sache darf natürlich nicht fehlen – der Abstecher zum Glühweinstand. Neben geschnitztem Kunsthandwerk und gebrannten Mandeln ist auch der Glühwein zu einem festen Bestandteil unserer Weihnachtskultur geworden. Dabei ist diese Spezialität sogar älter als das Weihnachtsfest selbst. Schon die alten Römer versetzten ihre Weine mit Gewürzen, um sie länger haltbar zu machen und ihren Geschmack zu verbessern. Damals wurde der gewürzte Wein jedoch noch nicht erhitzt, sondern ausschließlich kalt genossen. Auch unsere Vorfahren im Mittelalter kannten Gewürzweine, die aber nur der gehobenen Gesellschaft vorbehalten waren, da Gewürze ein rares und teures Gut waren.

Der gewürzte Wein wärmt an kalten Wintertagen.

Besonders gut schmeckt Glühwein, wenn er mit Zitrusfrüchten, Nelken und Zimt verfeinert wird.

Umso komfortabler hat es der heutige Besucher von Weihnachtsmärkten, der sich mit erschwinglichem Glühwein wärmt und die Winterzeit versüßt. Dabei kann fast jeder seine eigenen Vorlieben ausleben, denn es gibt Glühwein in zahlreichen Varianten. Neben dem klassischen roten Glühwein gibt es auch weiße Glühweine, und in einigen Regionen Deutschlands wird sogar Glühwein auf Basis von Apfelwein hergestellt.

Natürlich kann auch jeder seinen eigenen Glühwein am heimischen Herd zubereiten, und das ist nicht einmal sehr kompliziert. Würzen Sie normalen Rotwein mit vorgefertigten Glühwein-Gewürzmischungen, stellen Sie sich Ihre eigene Gewürzmischung zusammen. Besonders lecker wird der Glühwein, wenn Sie ihn mit Orangen- und Zitronenstücken verfeinern. Wer sich dies nicht traut, greift auf trinkfertige Produkte zurück, die nur aufgewärmt werden müssen. Damit sind Sie auf jeden Fall auf der sicheren Seite.

Die Heiligen Drei Könige

Jeder kennt sie, ob aus dem alljährlichen Krippenspiel in der Kirche oder aus der eigenen im Hause aufgebauten Weihnachtskrippe: die Heiligen Drei Könige Kaspar, Melchior und Balthasar – auch bekannt als die Weisen aus dem Morgenland. Zahlreiche Legenden ranken sich um die drei. Es ist nicht einmal sicher, ob es sich tatsächlich nur um drei Weise handelte oder ob es in der realen Geschichte nicht noch mehr waren. So taucht in manchen Darstellungen zum Beispiel ein vierter, meist namenloser König auf. Dennoch wollen wir hier nur von der allseits bekannten Version der Geschichte sprechen, die damit beginnt, dass jeder der Könige einen besonders hell leuchtenden Stern am Firmament entdeckt. Sie begreifen sofort: Dies ist das Zeichen für die Ankunft des Messias auf Erden, und so macht sich ein jeder auf, dem Stern zu folgen. Man sagt, dass sich die Wege der drei in Jerusalem kreuzten. Von dort an setzten sie ihren Weg gemeinsam fort, bis sie schließlich in Bethlehem ankamen. Dort konnten sie nach langer Reise endlich dem künftigen König der Könige huldigen und ihm ihre Geschenke – Gold, Weihrauch und Myrrhe – überreichen. Diese Geschenke haben natürlich eine tiefere symbolische Bedeutung. So steht das Gold für das Kostbarste, was die Welt einem König zu bieten hat. Der Weihrauch ist der Ehre Gottes geweiht und soll Unheil abwenden, er weist also auf die Göttlichkeit des Beschenkten hin. Myrrhe wurde in früheren Zeiten als Heil- und Betäubungsmittel verwendet und kündigt schon den späteren Leidensweg Christi an. Auch die Zahl Drei ist eine symbolische Zahl: Sie steht zum Beispiel für die heilige Dreieinigkeit, die Trinität, oder auch für die drei Welten – Himmel, Erde und Unterwelt.

Aus dem fernen Morgenland machten sie sich auf nach Bethlehem.

Ursprünglich war der 6. Januar das Fest der Erscheinung des Herrn, auch Epiphanias genannt. Heute feiern wir meist den Dreikönigstag. In

Die drei Heiligen brachten dem Jesuskind Gold, Weihrauch und Myrrhe.

manchen Gegenden ziehen dann die Kinder verkleidet als Heilige Drei Könige durch die Straßen und singen, um Geld für wohltätige Zwecke zu sammeln. Andernorts werden richtige Feste gefeiert, und es gibt den traditionellen Dreikönigskuchen, in dem eine Bohne oder eine kleine Figur versteckt wird. Derjenige, der die Bohne findet, darf sich eine Krone aufsetzen, ist für den Rest der Feierlichkeiten König und darf einen Hofstaat gründen. Oftmals wird der König auch als Bohnenkönig oder Narrenkönig bezeichnet, und das Fest gewinnt starke karnevalsartige Züge. Am 6. Januar werden außerdem in katholischen Gegenden die Häuser gesegnet und mit dem Zeichen der Heiligen Drei Könige versehen. Die Weisen fungieren nämlich auch als Schutzheilige und sollen zum Beispiel vor Krankheit, Dämonen oder Feuer schützen. Die Möglichkeiten sind also vielfältig, aber vielleicht nutzen Sie den 6. Januar auch nur, um den nadelnden Weihnachtsbaum endlich zu entsorgen.

Heiligers Abend

Die Nacht der Geburt Jesu Christi

Der Brauch, das Weihnachtsfest schon am Vorabend des 25. Dezember zu beginnen, ist noch gar nicht so alt und in vielen Ländern auch bis heute noch nicht Sitte. Die Bescherung am Abend des 24. Dezember wird traditionell in Deutschland, Österreich und der Schweiz begangen und ist in den meisten Familien von festen Ritualen geprägt. Der Tag vor der Heiligen Nacht ist kein gesetzlicher Feiertag, gilt aber zum Teil ab dem Nachmittag als stiller Tag, und die Geschäfte schließen größtenteils relativ früh. Also spätestens bis dahin sollte jeder seine Geschenke zusammenhaben. Ein typischer Tagesablauf könnte zum Beispiel so aussehen: Am Nachmittag wird der Baum aufgestellt und zusammen mit den Kindern geschmückt, dann geht es in die Kirche, um sich das Krippenspiel anzuschauen. Wenn es dann allmählich dunkel wird, bereitet sich die Familie auf die Bescherung vor. Anschließend, nach der Bescherung, gibt es ein oftmals bescheidenes Essen.

Noch bis ins 18. Jahrhundert feierte man die Christmesse in den frühen Morgenstunden des 25. Dezember, und die Geschenke für die Kinder gab es dann gewöhnlich noch vor dem ersten Hahnenschrei. Das lässt sich auf die alte liturgische Regel zurückführen, dass jedes große Fest eine Nachtwache benötigt, die sogenannte „Vigil". Und schließlich fing früher der Tag bereits mit Sonnenaufgang an. Im Laufe der Zeit wurde der Gottesdienst vor allem in der protestantischen Kirche immer früher gefeiert, und somit ließ sich auch die Bescherung am Heiligen Abend legitimieren. Nach der katholischen Liturgie darf die eigentliche Christmette aber frühestens um 22 Uhr beginnen, da man davon ausgeht, dass Jesus in der Nacht geboren wurde. Außerdem hat man in manchen Gegenden die Tradition beibehalten, bis zur Nachtmesse zu fasten, wie es von der Kirche ursprünglich vorgeschrieben war.

Wie sehr der Heilige Abend an Bedeutung gewonnen hat, lässt sich an einigen Ereignissen

aus jüngerer Zeit ablesen. So wurden zum Beispiel nach Kriegsende 1945 am Heiligen Abend in vielen Fenstern in Deutschland Kerzen aufgestellt, um den noch nicht zurückgekehrten Kriegsgefangenen zu gedenken. Bis in die 60er Jahre wurde dieser Brauch beibehalten, nach der deutschen Teilung galten die Kerzen in der Bundesrepublik allerdings der Solidarität mit den in der DDR lebenden Bürgern. Manche sehen das „vorgezogene" Weihnachtsfest allerdings als Abwertung des eigentlichen Feiertages zu Ehren Christi. So besinnen sich heute viele wieder auf den eigentlichen Weihnachtstag. Familien mit Kindern dürfte es allerdings recht schwerfallen, sich dem allgemeinen Bescherungsfieber am 24. zu entziehen.

Die Bescherung am Abend des 24. Dezembers ist nicht in allen Ländern Brauch.

Herrnhuter Sterne

Eine Missionarsgemeinschaft geht um die Welt.

In der Adventszeit schmücken Herrnhuter Sterne Kirchen, Privatwohnungen und öffentliche Einrichtungen, Straßen und Plätze und verschönern zahlreiche Schaufenster. Sie erfreuen sich großer Beliebtheit, wahrscheinlich weil sie in ihrer Einfachheit schön, aber nicht überladen wirken. Weitverbreitet ist der Brauch, die Sterne am ersten Advent im Kreise der Familie zusammenzubauen und sie dann aufzuhängen. Die Sterne werden in Einzelteilen verkauft und müssen dann zusammengesetzt werden. Traditionell verschönern sie die Städte und Dörfer bis zum Dreikönigstag, spätestens aber bis zum 2. Februar, der Mariä Lichtmess.

In ihrer schlichten Schönheit fügen sich die Sterne in jedes Stadtbild.

Benannt ist der Stern nach der Herrnhuter Brüdergemeine, von der er erfunden wurde. Die bunten Sterne gibt es in verschiedenen Größen und Farben, und die Produktpalette umfasst mehr als 50 Modelle. Mittlerweile gibt es sogar Modelle aus Plastik, die man auch draußen aufhängen kann.

Der historische Hintergrund, der zur Entstehung des Herrnhuter Sternes führte, ist bewegt: Die Gründung des Ortes Herrnhut fällt in das Jahr 1722, als Glaubensflüchtlinge aus Böhmen und Mähren eine Zuflucht suchten. Die Geschichte der Glaubensgemeinschaft geht bis auf Jan Hus zurück, der 1415 als Ketzer verbrannt wurde. Während der Gegenreformation wurde die von dem Verurteilten gegründete Brüdergemeine verfolgt und bis auf wenige Familien ausgelöscht. Bei der Rettung auf ein Gut in der Oberlausitz gründete die Glaubensgemeinschaft den Ort Herrnhut, der also unter dem „Hut des Herrn" stand. Die Brüdergemeine war eine Missionarsgemeinschaft und reiste überall in die Welt, um den Ungläubigen die frohe Botschaft zu überbringen. So bekehrten sie u. a. Indianer in Nordamerika, auch missionierten sie in Afrika und in der Karibik. Die Kinder der Missionare mussten wegen der langen und häufigen Abwesenheit der Eltern in Internaten leben. Um die Kleinen gerade in der Weihnachtszeit von ihrem Kummer abzulenken, bastelten die Betreuer mit ihnen die markanten Sterne, die in Herrnhut auch heute noch in Handarbeit hergestellt werden. Erst im 20. Jahrhundert begann die manufakturelle Produktion, die der Herrnhuter Stern GmbH unterliegt.

Die Herrnhuter Sterne, die gerade in kalten und dunklen Winternächten wohltuendes Licht spenden, sollen den Stern von Bethlehem symbolisieren. In zahlreichen protestantischen Kirchen hängen die Weihnachtssterne, einige sind schon über 80 Jahre alt. Gekauft werden sie aber von Angehörigen aller Konfessionen und natürlich auch von nicht religiösen Menschen.

Hexe Befana

Eine gute Hexe bringt den italienischen Kindern die Geschenke.

So manch ein Kind wäre wohl neidisch, wenn es wüsste, wie viele Geschenke man in Italien bekommt. Die Vorweihnachtszeit beginnt am 6. Dezember, und San Nicola, der Nikolaus, legt in der Nacht kleine Geschenke vor die Schlafzimmertüren. Am 13. Dezember, dem Fest der Santa Lucia, die man auf die wohltätige Lucia von Syrakus zurückführt, bekommen die Kinder schon wieder kleine Geschenke und die Italiener beginnen damit, eine Weihnachtskrippe aufzustellen. Diese nimmt einen viel wichtigeren Platz ein als der Weihnachtsbaum. Die Figuren werden erst nach und nach an den Weihnachtstagen aufgestellt.

Auch wenn Befana nicht gerade eine Schönheit ist, ist sie bei allen Kindern beliebt.

Der 23. Dezember ist ein Fastentag, und die Kinder ziehen als Hirten verkleidet und Flöte spielend durch die Straßen, um Süßigkeiten zu sammeln. Am Heiligen Abend geht man spätabends in die Kirche zur Mitternachtsmesse. Als Letztes wird die Figur des Jesuskinds, „il Bambinello Gesù", in die Krippe gelegt. Am ersten Festtag feiert man seine Geburt mit der ganzen Familie, einem großen Festessen mit Fisch oder Truthahn, Panettone und Panna Cotta und kleinen Geschenken. Die Kinder schenken ihren Eltern einen Weihnachtsbrief, in dem sie sich für die Liebe der Eltern bedanken – aber auch Kritik äußern können.

Der große Geschenke-Tag ist der 6. Januar. Da reitet die gute Hexe Befana auf ihrem Besen durch die Nacht, rutscht durch den Kamin und legt die Geschenke in die dafür vorgesehenen Socken oder Schuhe. Kinder, die nicht artig waren, bekommen nur ein Stück Kohle, das allerdings meist aus Schokolade besteht. Man sagt, Befana habe sich in der Heiligen Nacht zu spät auf die Suche nach dem Jesuskind gemacht und müsse nun bis in alle Ewigkeit weitersuchen. In jedem Haus vermute sie das Jesuskind, und deshalb gebe es die Geschenke.

Mit dem Aufbauen der Figuren der Heiligen Drei Könige in der Krippe endet das Weihnachtsfest in Italien.

Kerzen

Ein warmes Licht in der Dunkelheit

Wenn man bedenkt, dass Kerzen heute ganz alltägliche Gegenstände sind, ist es nur schwer vorstellbar, dass sie früher nicht für alle Menschen ein verfügbares Gut waren. Die Vorläufer unserer heutigen Kerzen gab es schon in der Antike, allerdings handelte es sich dabei um stark rußende Öl- oder Talglampen. Später kamen Wachsfackeln auf, und auch die Römer verwendeten teilweise schon Wachskerzen. Im Mittelalter entwickelte die Kirche einen großen Bedarf an Kerzen, und so wurden sie zu einem wichtigen und teuren Handelsgut. Auch der Adel konnte sich die qualitativ hochwertigen Kerzen aus Bienenwachs leisten, während sich die normalen Bürger mit Kienspänen oder Lampen aus Rinder- oder Hammeltalg begnügen mussten. Den Gestank und die Ruß-Entwicklung kann man sich unschwer vorstellen. Außerdem musste der Docht regelmäßig gekürzt werden, man war also ständig mit der Pflege der Kerzen beschäftigt.

Erst im 19. Jahrhundert wurden Kerzen durch die Entdeckung des Paraffins für alle Menschen erschwinglich.

Schon im Mittelalter gab es die erste Innung der sogenannten „Lichtzieher“, die sich ausschließlich mit dem Ziehen von Kerzen beschäftigten. Auch Kerzengießereien und sogar Kerzenhändlergesellschaften wurden schon früh gegründet.

Die frühen Kerzen mussten oftmals noch auf aufwendige Art und Weise weiß gefärbt werden, bis man im 18. Jahrhundert mit der Herstellung von Kerzen aus Walrat begann. Beim Walrat handelt es sich um eine Substanz, die aus dem Kopf der Pottwale gewonnen wird und die eine wachsartige Konsistenz hat. Walrat war von Natur aus weiß und wurde daher ausschließlich für Kerzen höchster Qualität verwendet.

Anfang des 19. Jahrhunderts wurden dann Kerzen für die Mehrheit der Leute erschwinglich, denn im Jahre 1824 meldete der französische Chemieprofessor Eugène Chevreul sein Patent auf die ersten Stearinkerzen an. Einige Jahre später kam das aus Erdöl hergestellte Paraffin

auf den Markt, der Docht wurde überarbeitet und rußte nun nicht mehr sehr stark, und so trat die „moderne" Kerze ihren Siegeszug durch die Haushalte an.

So groß, wie heute das Angebot an Kerzen ist, so groß ist auch die Vielfalt ihrer Herstellungsarten. Noch immer gibt es das Handwerk des Kerzenziehers, der den Docht immer wieder durch flüssiges Wachs zieht. Schicht um Schicht legt sich das Wachs übereinander, bis die gewünschte Kerzendicke erreicht ist. Das gleiche Prinzip gilt beim Kerzentauchen. Für preiswerte Kerzen wie Teelichte nutzt man dagegen das Verfahren des Pressens. Dabei wird gekörntes Paraffin einfach in eine Form gedrückt. Besonders kunstvoll gestaltete Kerzen, wie man sie vor allem auf Weihnachtsmärkten findet, werden meist in Formen gegossen. Und natürlich gibt es immer noch die aus Bienenwachs gewickelten Kerzen, die besonders Kinder gerne selbst herstellen. Kerzen erfüllen viele verschiedene Zwecke; so werden sie zum Beispiel häufig genutzt, um in Zimmern einen angenehmen Duft zu verbreiten oder um in den dunklen Stunden stimmungsvolles Licht zu spenden. In vielen Religionen steht das Licht der Kerze für die Seele, die im Reich des Todes noch immer leuchtet. Im Christentum symbolisiert das Entzünden der Osterkerze die Auferstehung Christi und somit den Sieg über den Tod. Eine ähnliche Bedeutung haben im hohen Norden die Julkerzen, die in der Adventszeit vor der Wintersonnenwende angezündet werden. Sie sollen die Sonne ermutigen, über die Dunkelheit zu siegen, die wiederum den Tod symbolisiert.

Kerzen verleihen Räumen ein festliches Ambiente.

Die Kerzen auf unserem Adventskranz haben natürlich ursprünglich auch eine christliche Symbolik. Sie verweisen auf die Geburt Christi, der sich dem Johannes Evangelium zufolge selbst als das Licht der Welt bezeichnet hat. Diese Symbolik spielt heute oft keine große Rolle mehr und die Kerze soll vor allem eine gemütliche Stimmung verbreiten.

Knecht Ruprecht

„Von drauß' vom Walde komm ich her / Ich muss euch sagen, es weihnachtet sehr…"
Wer kennt es nicht, dieses Gedicht von Theodor Storm, das Kinder immer mehr oder weniger freiwillig lernen, um es dem Nikolaus oder dem Weihnachtsmann aufzusagen. Das Gedicht beschreibt, wie Knecht Ruprecht im Wald das Christkind trifft und berichtet, dass er nahezu alle Kinder besucht hat. Storm bezeichnet den Knecht als Gehilfe des Christkindes, obwohl Ruprecht ursprünglich der Gehilfe des heiligen Nikolaus war. Man geht davon aus, dass die Figur des Knechts Ruprecht von Brauchtumsfiguren aus dem Alpenvorland oder dem Erzgebirge abstammt. Der Name könnte von „Rûhperht" herrühren, was so viel heißt wie „raue Percht". Die Perchten sind Umzugsgestalten, die dem Volksglauben zufolge hauptsächlich zum 6. Januar durch die Orte zogen und die Häuser auf Sauberkeit untersuchten.

Keine Geschenke für die unartigen Kinder

Knecht Ruprecht fragt die Kinder, ob sie im letzten Jahr brav waren.

Daneben sind vermutlich zahlreiche andere Figuren im Bild des Knechtes aufgegangen. Oft sind dies eher furchteinflößende Figuren, die in der recht ungehobelten Pädagogik alter Zeiten den drohenden Gegenpart zum eher gutmütigen Nikolaus bildeten, auch wenn sie nicht immer direkt mit ihm in Verbindung gebracht wurden. Weitverbreitet war im Mittelalter etwa die Vorstellung vom Kinderschreck, der die Kinder zu Gehorsam und Frömmigkeit anhalten sollte. Wenn ein Kind nicht artig war, drohte die Entführung durch den Kinderfresser, und schlimmstenfalls würde er die Kinder tatsächlich verspeisen. Darin spiegelt sich die Dualität vom barmherzigen Gottessohn und vom seelenverschlingenden Teufel. In der Schweizer Hauptstadt Bern gibt es heute noch einen Brunnen, der den „Chindlifrässer" zeigt.
Der Knecht Ruprecht, wie er im 17. Jahrhundert in weiten Teilen Deutschlands bekannt wurde, ist allerdings weniger eine furchterregende Figur als vielmehr ein gutmütiger Mann,

der allerdings als Zeichen einer sanften Drohung seine Rute bei sich trägt.

Gewöhnlich wurde er im braunen oder schwarzen Mantel und natürlich mit der Birkenrute abgebildet. Charakteristisch ist auch der Sack auf seinem Rücken, gefüllt mit Leckereien wie Nüssen, Zuckerzeug oder Mandarinen. Ursprünglich kehrte er am Vorabend des 6. Dezember gemeinsam mit dem Nikolaus in die Häuser ein. Die beiden Figuren ließen meist eine klare Aufgabenverteilung erkennen: Die guten Kinder belohnte der Nikolaus, und den bösen Kindern steckte Knecht Ruprecht eine Rute in den Stiefel. Die Rute stand stellvertretend für die körperliche Züchtigung, die aber eigentlich nie wirklich durchgeführt wurde. Spätestens in der Renaissance verschmolzen beide Figuren immer mehr miteinander. Je nach Region zieht heute entweder der Knecht oder der Nikolaus am 6. Dezember durch die Orte und füllt die Stiefel oder zückt seine Rute. Er ist also Wohltäter und Züchtiger in einem, je nach Betragen der Kinder. Auch die Figur des Weihnachtsmannes, der in englischsprachigen Regionen Santa Claus heißt, geht letztlich auf den heiligen Nikolaus zurück.

Gemeinsam mit dem Nikolaus wandert Knecht Ruprecht durch die Winternacht.

In den verschiedenen Regionen und Ländern übernehmen zum Teil sehr unterschiedliche Figuren ähnliche Aufgaben wie Knecht Ruprecht. In Österreich geht der Krampus um, eine furchteinflößende, gehörnte Gestalt, die stark an den Teufel erinnert und ebenfalls von den Perchten abstammt. Am Mittelrhein gibt es den Pelznickel, in Norddeutschland den Beelzebub, und in den Niederlanden die Zwarten Pieten. Sie sollten wohl alle als Gegenspieler der himmlischen Figuren dienen, die in der Weihnachtszeit umgehen und also als Vertreter der Hölle betrachtet werden könnten. Die Kinder brauchen heute aber keine Angst mehr vor Knecht Ruprecht zu haben, und selbst die unartigen Kinder bekommen nicht nur eine Rute, sondern auch ein Geschenk.

Knusperhäuschen

Wer noch nach einer Wochenendbeschäftigung für die Kinder in der Vorweihnachtszeit sucht, für den empfiehlt sich der Bau eines Lebkuchenhäuschens! Lebkuchen gibt es schon lange, aber das Knusperhaus wurde erst durch das Grimm'sche Märchen von „Hänsel und Gretel" Anfang des 19. Jahrhunderts populär. Im Märchen kommen die Geschwister Hänsel und Gretel an das Haus einer Hexe. Es besteht aus Lebkuchen und Zuckerzeug und dient dazu, Kinder anzulocken. Der wohl bekannteste Satz des Märchens bezieht sich denn auch auf das Haus: „Knusper, knusper, knäuschen, wer knuspert an meinem Häuschen?"

Knusper, knusper, knäuschen, wer knuspert an meinem Häuschen?

Die Herstellung des eigenen Häuschens ist allerdings aufwendig. Einen Tag vor der eigentlichen Arbeit muss man den Teig vorbereiten, so dass er durchziehen kann. Dann bastelt man Schablonen, damit hinterher auch alle Teile zusammenpassen. Die einzelnen Teile werden gebacken, und wenn sie abgekühlt sind, kann schließlich der Zusammenbau des Hauses beginnen. Die Teile werden mit Hilfe von Zuckerguss zusammengeklebt. Der eigentliche Spaß beginnt dann erst mit dem Verzieren. Man kann alle möglichen bunten Bonbons, Dragees oder Weingummitiere auf das Haus kleben, aber auch Schokoladen- und Zuckerfiguren. Der Zuckerguss stellt wunderbar den Schnee dar, und ein Wattebausch dient als Rauchersatz auf dem Schornstein. Wer ganz ambitioniert ist, beklebt die Fenster von innen mit Transparentpapier oder stellt Fenster aus geschmolzenen Bonbons her. Wenn das Haus dann von innen mit einer Kerze beleuchtet wird, könnte man fast meinen, die böse Hexe wohne wirklich darin.

Für alle, die nicht so viel Zeit haben oder den Aufwand scheuen, gibt es die Einzelteile inzwischen von diversen Firmen zu kaufen, oder gleich ein fertiges Knusperhäuschen beim Bäcker.

Bonbons, Nüsse, Zuckerguss: Beim Verzieren der leckeren Häuschen sind der Phantasie keine Grenzen gesetzt.

Krippe

Der Begriff „Krippe" wird heute meist mit der Weihnachtskrippe gleichgesetzt. Dabei bedeutet „Krippe" ursprünglich ganz einfach „Flechtwerk" oder „Geflochtenes" und beschreibt damit einen Futterbehälter für Tiere.

Franz von Assisi begründete die Vorstellung der Heiligen Familie und der Krippe.

Die heute weitverbreitete Weihnachtskrippe kam erst sehr spät auf. Den Grundstein für die figürliche Darstellung der Heiligen Familie legte Franz von Assisi. Im Jahre 1223 verlegte er die Weihnachtsfeierlichkeiten in eine Höhle in Greccio und stellte dort die Krippenszene mit echten Tieren und Menschen dar, um den Menschen die Weihnachtsbotschaft näherzubringen. Die wohl älteste feststehende krippenähnliche Darstellung stammt aus dem Jahr 1291 und befindet sich in der Basilika Santa Maria Maggiore in Rom. Im 16. Jahrhundert bestand die Krippe dann aus beweglichen Figuren. Zu ihrer Verbreitung trugen vor allem die Jesuiten aus Portugal bei, die ihre Krippen ab 1562 auch nördlich der Alpen ausstellten. Von nun an verbreitete sich die Kunst des Krippenbaus, war jedoch lange Zeit ausschließlich eine Angelegenheit der Kirche. Erst nach und nach sah man Krippen auch in den Fürstenhäusern, und später auch in Bauern- und Bürgerhäusern.

Die Figuren einer Krippe, vom Jesuskind bis zum Ochsen, werden oft in liebevoller Handarbeit gefertigt.

Wurde die Heilige Familie anfänglich noch im orientalischen Stil dargestellt, ging man im Laufe der Zeit jedoch dazu über, die Krippen gestalterisch in die eigene Heimat zu verlegen. So entstand dann auch das Bild der Geburt in einem normalen Stall mit immer den gleichen Figuren: das Jesuskind in der Krippe, Maria und Josef, die Hirten, Tiere wie Esel und Ochse und natürlich die Heiligen Drei Könige.

Bis zum Aufkommen des Christbaumes im 19. Jahrhundert bildete die Krippe den Mittelpunkt der weihnachtlich hergerichteten Stube. In Südeuropa nimmt sie auch heute noch einen höheren Stellenwert ein als der Weihnachtsbaum.

Lametta

„Früher war mehr Lametta" – wer kennt ihn nicht, den Ausspruch von Loriots „Opa Hoppenstedt", der beklagt, dass Weihnachten nicht mehr so sei wie früher? Aber selbst wenn es inzwischen eine große Vielfalt von Schmuck für den Christbaum gibt, so erfreut sich das klassische Lametta am Weihnachtsbaum und auch am Adventskranz doch noch immer einer großen Beliebtheit. Wie kann man sich auch besser das Glitzern und Leuchten von Schnee und Eis in sein Wohnzimmer holen? Zumal es die richtigen verschneiten Winter mit großen Eiszapfen an den Bäumen heute nicht mehr gibt.

Feierliches Glitzern für die gute Stube

Lametta gibt es heute in vielen Farben und Formen – es ist also für jeden Geschmack etwas dabei.

In China wurden die papierdünnen Metallstreifen ursprünglich zum Einweben in Stoffe verwendet. Wie sie dann im 19. Jahrhundert nach Deutschland kamen, um dort zweckentfremdet als Christbaumschmuck zu dienen, ist heute nicht mehr bekannt. Fest steht nur, dass die Popularität des Lamettas seitdem nicht mehr nachgelassen hat. Das „echte" Lametta, wie es früher hergestellt wurde, bestand meist aus Zinn. Oftmals wurde dann ein Kern aus Blei hinzugefügt, damit die dünnen Fäden schwerer wurden und besser hingen. Somit war die Nutzung von Lametta auch immer ein Spiel mit der Gesundheit, und heute ist der Verkauf von Blei-Lametta verboten. Dafür können wir uns an einer unglaublichen Vielfalt von Kunststofflametta erfreuen, das es in allen möglichen Farben gibt, auch wenn es geschmacklich nicht unbedingt jedem behagt. Und wer dagegen Wert auf Tradition und Authentizität legt und lieber klassisches Lametta benutzen möchte, wird sicher an ausgewählter Stelle das gute alte Stanniol-Lametta finden, das nur aus Zinn hergestellt wird. Praktisch daran ist, dass man es auch eingeschmolzen noch an Silvester zum Bleigießen benutzen und die gute Hausfrau es nochmals bügeln kann, um es dann im nächsten Jahr wiederzuverwenden, wenn man es denn mit dem restlichen Christbaumschmuck gut weggepackt hat.

Lebkuchen

Der Lebkuchen – auch Pfefferkuchen, Honigkuchen oder Gewürzkuchen genannt – hat eine viel längere Tradition, als mancher glauben mag. Es gab wohl schon bei den alten Ägyptern mit Gewürzen und Honig verfeinertes Opfergebäck, und auch die Griechen und Römer kannten Honigkuchen. Vor ca. 700 Jahren sollen in einem Ulmer Kloster die ersten Lebkuchen Deutschlands hergestellt worden sein, und schließlich brachten die Nürnberger Gewürzhändler, sogenannte „Pfeffersäcke", das Gebäck nach Nürnberg, die heutige Lebkuchen-Metropole. In Aachen gab es zu dieser Zeit bereits die ersten Printen, die wohl ursprünglich aus Belgien oder dem Elsass stammten. Die ersten Lebkuchen wurden in Klöstern hergestellt; von den Mönchen als heilendes und appetitanregendes Fastengebäck geschätzt, waren sie keinesfalls eine Süßigkeit wie heute. Schnell entwickelte sich der spezielle Beruf der Lebkuchenbäcker, die man gemeinhin Lebküchner oder Lebzelter nannte und die sich in Zünften organisierten.

Schon Römer und Griechen genossen süße Honigkuchen.

Lebkuchen dürfen auf keinem bunten Teller fehlen. Am beliebtesten sind wohl die Nürnberger Elisenlebkuchen.

Der Name des Lebkuchens stammt keinesfalls vom Wort „Leben" ab, wie sich ja leicht vermuten lässt. Es gibt viele Erklärungsansätze, über die sich die Wissenschaft nicht einig ist. Möglich ist eine Abstammung vom lateinischen „libum", das „Fladen" oder „Opferbrot" bedeutet, aber auch das germanische „laib" („Brotlaib") wird als Wortursprung in Erwägung gezogen. Der vielgenutzte Begriff „Pfefferkuchen" hat einen eindeutig historischen Hintergrund: Man nannte die Gesamtheit der orientalischen Gewürze lange Zeit einfach „Pfeffer".

Heute kennen wir den Lebkuchen nur noch als klassisches Weihnachtsgebäck; im Laufe der Jahre ist er immer süßer geworden, und der Honig wird zunehmend durch Zucker ersetzt. Es gibt eine enorme Vielfalt, je nach Herkunft des Gebäcks. Die Nürnberger Elisenlebkuchen zum Beispiel zeichnen sich durch einen sehr hohen Anteil an Nüssen oder Mandeln aus und dürfen nur mit hochwertiger Kuvertüre hergestellt werden. Weitere wichtige Zutaten für Lebkuchen sind natürlich Gewürze wie Zimt, Anis und Nelken, und oftmals auch Zitronat und Orangeat. Eine Besonderheit der Lebkuchenrezeptur ist, dass sie nie mit Hefe als Treibmittel hergestellt werden, sondern mit Hirschhornsalz oder Pottasche. Das verleiht dem rohen Teig einen leicht ekligen Geschmack und ist nebenbei ein gutes Mittel, die Kinder davon abzuhalten, den Teig schon vor dem Backen zu naschen. Besonders beliebt bei den Kleinen ist auch ein selbstgebasteltes Knusperhäuschen, von dem schon Hänsel und Gretel gekostet haben sollen. Das wird aber oft nicht verspeist, weil es doch zu schön anzusehen ist.

Luciafest

Am 13. Dezember feiert man das Lichterfest der heiligen Lucia.

Die Schweden haben das Glück, das wohl längste Weihnachtsfest überhaupt zu feiern. Man beginnt dort am 13. Dezember mit dem Lucia-Fest und endet erst am 13. Januar mit dem Knut-Tag. Die heilige Lucia kam der Legende nach aus Syrakus und bewahrte Schweden im 4. Jahrhundert n. Chr. vor einer Hungersnot. Heute hat das Fest hauptsächlich den Zweck, Licht in die lange Dunkelheit des nordischen Winters zu bringen. In der Nacht zum 13. Dezember zieht Lucia gekleidet in ein weißes Gewand und mit der sinnbildlichen Lichterkrone auf dem Kopf durch die Straßen, begleitet von einigen Dienerinnen und den Sternenjungen. Am Ende der Prozession stoßen noch Heinzelmännchen und Pfefferkuchenmänner mit Laternen dazu. Die ganze Gesellschaft bildet dann einen Chor, und es werden traditionelle Lucia-Lieder gesungen. Am Morgen gibt es ein Frühstück, bei dem die für das Lucia-Fest typischen Safranbrötchen serviert werden. Die Medialisierung hat allerdings auch vor diesem sehr traditionellen Fest keinen Halt gemacht. So gibt es mittlerweile sogar einen Schönheitswettbewerb, bei dem eine Lucia für ganz Schweden gekürt wird.

Auf eine recht besinnliche Vorweihnachtszeit folgt dann der Heilige Abend. Anders als in den meisten anderen Ländern ist dies in Schweden der wichtigste Weihnachtsfeiertag, und der muss natürlich schon am 23. Dezember gebührend vorbereitet werden. Für die Schweden ist der Weihnachtsbaum das bedeutendste Symbol des Festes. Hat man den perfekten Baum gefunden, wird er von der ganzen Familie festlich geschmückt, und als Krönung setzt man ihm einen goldenen Stern auf die Spitze. Am 24. Dezember stehen dann meist Verwandtenbesuche auf der Tagesordnung. Um fünfzehn Uhr sitzen viele Schweden vor dem Fernseher und schauen sich bevorzugt alte Weihnachtsfolgen von Donald Duck an. Erst danach geht die eigentliche Feierei los. Das Weihnachtsbüffet, Smörgåsbord, wird aufgebaut, und man verbringt die folgenden Stunden vorwiegend mit dem Essen. Da gibt es Hering, Stockfisch, Kartoffeln, Weihnachtsschinken, Fleischklößchen, Reispudding und viele andere Leckereien. Getrunken wird vor allem Bier, Schnaps und Jusmust, eine spezielle Kräuterlimonade. Den glühweinähnlichen Glögg trinkt man meist vor und nach dem Essen, nicht aber währenddessen. Später am Abend kommt dann der Weihnachtsmann zu den Kindern und bringt die Geschenke, meist in Begleitung der Kobolde Tomte, Tomtebisse und Nisse. Für die Kobolde wird ein Schüsselchen Milchbrei vor die Tür gestellt, damit sie einem auch im kommenden Jahr noch wohlgesonnen sind. Ob es nach diesen ausgiebigen Feierlichkeiten wohl einfach ist, am nächsten Morgen um sechs Uhr zur Christmette zu gehen? Aber die Ferien sind ja lang, und es wird wohl genug Zeit zum Ausruhen geben. Denn erst am 13. Januar, dem mittlerweile auch hierzulande durch die Werbung eines Möbelhauses bekannten Knut-Tag, endet das schwedische Weihnachtsfest, und der Baum wird abgeschmückt und schließlich entsorgt. Am liebsten, indem man ihn einfach aus dem Fenster wirft, zumindest will die Werbung uns das glauben machen. Nachahmung nicht empfohlen!

Der Tradition gemäß soll Lucia „Licht im Haar" haben, in einem Kranz auf dem Kopf angeordnet.

Marzipan

Marzipanliebhaber kommen zu Weihnachten voll auf ihre Kosten. Seit einigen Jahrhunderten gehört die Mandelmasse fest zur deutschen Süßigkeitenlandschaft. Woher das Marzipan kommt und seinen Namen hat, ist allerdings unklar. Die Zutaten – Mandeln, Zucker und Rosenwasser – lassen aber darauf schließen, dass die süße Spezialität ihre Wurzeln im Orient hat. Der Name könnte vom lateinischen „marci panis" kommen und würde dann etwa „Markusbrot" bedeuten. Möglich ist aber auch eine Ableitung vom Namen der burmesischen Stadt Martaban.

Eine traditionsreiche Köstlichkeit, die lange Zeit als Luxus galt

Durch die Kreuzzüge kam das Marzipan dann wahrscheinlich nach Europa und nach Norden in die Hansestädte an der Ostsee. Ursprünglich wurde es von Apothekern hergestellt und galt als Heilmittel mit kräftigender Wirkung. Heute weiß man, dass die Mandel Stoffe enthält, die gegen Herz-Kreislauf-Erkrankungen und Stoffwechselstörungen wirken.

Das berühmteste Marzipan kommt auch heute noch aus der Hansestadt Lübeck.

Im 14. Jahrhundert reichte man an den Fürstenhöfen gerne Marzipan als Nachspeise. Das einfache Volk konnte sich die Süßigkeit natürlich nicht leisten, da Zutaten wie Zucker und Mandeln sehr teuer waren. Erst Anfang des 19. Jahrhunderts, mit der Zuckergewinnung aus Zuckerrüben, wurde das Marzipan in der Herstellung preiswerter. Die industrielle Produktion von Marzipan begann im Jahre 1806, entweder in Lübeck in einem wohlbekannten Familienunternehmen oder aber im estnischen Tallin. Wer nun wirklich der Erste war, ist heute nicht mehr festzustellen.

Bei der Herstellung hängt alles von der Qualität und vom Verhältnis zwischen Zucker und Marzipanrohmasse ab. Bei einem Verhältnis von 90 % Rohmasse und 10 % Zucker spricht man beispielsweise vom „Lübecker Edelmarzipan", bei 70 % Rohmasse und 30 % Zucker nur noch vom „Lübecker Marzipan". Beides muss aus Lübeck kommen und ist somit eine geschützte Marke.

Misa de Gallo

Die Spanier sind spät dran – für sie beginnt die Weihnachtszeit erst am 22. Dezember, denn der Nikolaus ist ja auf dem Weg in die Niederlande, und die heilige Lucia wird nur in einigen Städten gefeiert. Vergeblich wird man Adventskranz und Adventskalender suchen, dafür spielt aber die Krippe eine große Rolle im weihnachtlich geschmückten Wohnzimmer spanischer Haushalte. Das Fest beginnt am 22. Dezember mit der seit 1812 jährlich stattfindenden großen Weihnachtslotterie. Sie gilt als die größte Lotterie der Welt, und viele Spanier nehmen jährlich daran teil. Am Abend der Auslosung sitzen dann alle vor dem Fernseher und schauen sich die circa dreistündige Übertragung an, bei der die Gewinnnummern von einem Kinderchor gesungen werden.

Die Heiligen Drei Könige bringen am 6. Januar die Geschenke.

Die Heilige Nacht wird im Kreise der Familie mit einem großen Festessen gefeiert, bei dem die traditionelle Süßigkeit „Turrón“ nicht fehlen darf. Sie wird aus Mandeln, Zucker, Honig und Eiern zubereitet und ähnelt dem französischen Nougat. Nach dem ausgiebigen Schlemmen darf dann jedes Familienmitglied in die „Urne des Schicksals“ greifen, und mit etwas Glück zieht er keine Niete, sondern ein kleines Geschenk. Besonders wichtig ist die Mitternachtsmesse, die sogenannte „Misa del Gallo“, also die „ Messe des Hahns“. Dieser Name erinnert daran, dass – so der Glaube – ein Hahn als Erster die Geburt Jesu verkündete.

Am 5. Januar ziehen dann die Heiligen Drei Könige in die Städte und Dörfer. Sie erfreuen sich großer Beliebtheit und werden oftmals sogar feierlich vom Bürgermeister empfangen. Fast überall gibt es große Festumzüge zu Ehren der drei Weisen, und diese bedanken sich, indem sie an die Kinder Süßigkeiten verteilen. Am Abend dürfen die Kinder dann endlich ihre Schuhe vor die Tür stellen und auf die Bescherung warten. Wichtig ist es, ein bisschen Stroh und Wasser für die Kamele der Könige vorzu-

An Heiligabend findet in Spanien um 24 Uhr die Mitternachtsmesse „Misa del Gallo" statt und auch die Krippen haben in Spanien eine lange Tradition.

bereiten. Dann heißt es schlafen gehen, was sich sicherlich für die meisten Kinder in dieser Nacht etwas schwierig gestaltet. Aber am Morgen des Dreikönigstages ist es dann endlich so weit: Die Geschenke dürfen aufgemacht werden, und am Abend gibt es zur Feier des Tages wieder ein großes Essen. Auf keinen Fall darf man dabei auf den Dreikönigskuchen „Rosco de Reyes" verzichten. In den ringförmigen Kuchen werden eine kleine Porzellanfigur und eine Bohne eingebacken. Wer das Figürchen bekommt, darf für den Rest des Abends der König sein; wer die Bohne bekommt, muss dagegen den Kuchen bezahlen. Wenn der Dreikönigstag vorbei ist, endet in großen Teilen Spaniens die Weihnachtszeit.

Ganz anders geht es jedoch in Navarra und im Baskenland zu: Dort bekommen die Kinder ihre Geschenke schon am 24. Dezember. Diese werden aber nicht vom Weihnachtsmann, sondern vom Köhler „Olentzero" gebracht, der zur Geburt Christi aus den Bergen herunterkommt, um die frohe Botschaft zu verbreiten. Zwischen der Heiligen Nacht und dem 6. Januar gibt es im feierfreudigen Spanien natürlich noch viele andere Anlässe, sich zu amüsieren, und so wird wohl in der Weihnachtszeit jeder auf seine Kosten kommen.

Mistelzweig

Früher galt sie als mystische Heilpflanze.

Die Weihnachtstradition, sich unter einem Mistelzweig zu küssen, kommt aus Großbritannien und wurde erst in den letzten Jahren bei uns populär. Ursprünglich durfte nicht beliebig oft geküsst werden, sondern für jeden Kuss musste vorher eine Beere vom Mistelzweig gepflückt werden. Weniger romantisch Veranlagte kennen die Mistel nur als Baumparasit, obwohl ihr in früheren Zeiten besondere Attribute zugesprochen wurden und es eine große Zahl an Mythen über die Mistel und ihre Entstehung gibt.

Es sind von dieser erstaunlichen Pflanze ungefähr 1.400 Arten bekannt, die in allen Teilen der Welt auf Bäumen wachsen und gedeihen. Genauso vielfältig sind auch die Geschichten, die sich um die Mistel ranken. Eine ihrer Entstehungsgeschichten besagt, die Mistel sei ursprünglich ein richtiger Baum gewesen, aus dessen Holz das Kreuz Jesu Christi gefertigt wurde. Vor lauter Scham über diesen Gebrauch sei der Baum dann auf seine heutige Größe geschrumpft. Ihm wird aber trotzdem der Titel eines Wohltäters zugesprochen, der Güte und Reinheit ausschüttet. In Skandinavien gilt die Mistel als heilige Pflanze und Friedenssymbol. Früher hieß es dort, wenn sich zwei Feinde unter einem Zweig trafen, mussten sie Frieden miteinander schließen. In anderen Gegenden galt die Mistel als Symbol für Fruchtbarkeit, und es war lange Zeit allein den Druiden vorbehalten, die Pflanze mit speziellen vergoldeten Sicheln zu schneiden (was jedem Asterix-Leser bestens bekannt sein dürfte) – „Mistel" heißt in ihrer Sprache „die alles Heilende". Ob sich dabei alle Druiden wie Miraculix ständig in den Finger schnitten, ist leider nicht bekannt …

Der Kuss unterm Mistelzweig gehört vielerorts zur weihnachtlichen Tradition.

Der heute noch verbreitete Brauch, Mistelzweige über die Tür zu hängen, stammt wahrscheinlich aus frühen Zeiten, als man sich damit vor Hexen und Geistern schützen wollte. Das Beste bleibt aber nach wie vor der Kuss unterm Mistelzweig.

Nikolaus

Nikolaus, Sinterklaas, Santa Claus – langsam wird es unübersichtlich im Durcheinander der Feiertraditionen. Während noch vor einigen Jahren hierzulande der 6. Dezember dem Nikolaus und der 24. Dezember dem Christkind vorbehalten war, so sorgen seit Kurzem Einflüsse aus anderen Ländern für wachsende Konfusion in der weihnachtlichen Feierlandschaft. Bisher galt der Nikolaustag, also der 6. Dezember, lediglich als Anheizer für den Dezember-Höhepunkt, das Weihnachtsfest. Doch unsere westlichen Nachbarn, die Niederländer, feiern seit jeher ihren Nikolaus ganz groß am 6. Dezember, während es dort an Weihnachten vergleichsweise bescheiden zugeht. Aus dem fernen Spanien reist Sinterklaas jedes Jahr zum 6. Dezember auf seinem Schlitten ins Land der Deiche, um dort die Kinder zu beschenken, sofern sie brav ihre Schuhe vor die Tür gestellt haben. Mittlerweile finden auch immer mehr Deutsche Geschmack daran; so ist zum Beispiel in Potsdam das Sinterklaasfest seit Jahren Tradition. Die Amerikaner hingegen feiern ihren Nikolaus, Santa Claus genannt, an Weihnachten. Eingedeutscht als „Weihnachtsmann" fährt der in einen rotweißen Pelzmantel gehüllte Wohltäter auf seinem Schlitten durch die Luft, gezogen von Rentieren – eines davon heißt bekanntlich Rudolf und hat eine rote Nase. Richtig beliebt wurde er auch bei uns in dieser Form erst seit den 30er Jahren durch die Werbung eines Getränkeherstellers. Und so kommt es, dass wir heute den heiligen Nikolaus also gleich zweimal feiern. Geschenke gibt es in den meisten Haushalten freilich nur einmal. Vorerst zumindest.

Ein frühchristlicher Bischof wird zum Mythos.

Eines aber haben alle Varianten gemein: Sie gehen auf die historische Figur des Nikolaus von Myra zurück, der im Griechenland der Spätantike lebte.

Seit dem frühen Mittelalter verbreitete sich die Legende um den Bischof, der schnell zu einem der populärsten Heiligen des Christentums wurde. Einigen Quellen zufolge starb er um 350 n. Chr., allerdings verschmilzt in der Legende die Figur des heiligen Nikolaus von Myra mit der eines zweihundert Jahre später gestorbenen gleichnamigen Abtes aus derselben Stadt. Auch die Figur seines Dieners, Knecht Ruprecht, ging im heutigen Bild vom heiligen Nikolaus als „Weihnachtsmann" auf.

Als frühchristlicher Bischof bekämpfte Nikolaus von Myra die heidnischen Religionen der Griechen und Römer, insbesondere den Kult um die römische Mond- und Jagdgöttin Diana. Dass er deshalb in Gefangenschaft geriet und gefoltert wurde, trug sicher zur Mythenbildung bei, denn er war einer der ersten Heiligen, die nicht einen sogenannten Märtyrertod starben. Als Schutzpatron von Seefahrern und Kaufleuten wuchs seine Popularität im Mittelalter, in den Zeiten der Hanse, und bis heute ist er vor allem in der orthodoxen Kirche der wichtigste Heilige. So erklärt sich, weshalb der 6. Dezember noch heute einer der beliebtesten christlichen Feiertage ist, egal, auf welche Weise er begangen wird.

Heute sieht der Nikolaus dem Weihnachtsmann immer ähnlicher.

Nüsse

Ohne Nüsse wäre Weihnachten nur halb so schön. Von den bunten Weihnachtstellern und aus der Weihnachtsbäckerei sind sie nicht wegzudenken. Viele leckere Plätzchen werden erst durch die Zugabe von Nüssen zu echten Köstlichkeiten. Auf den Adventsmärkten kann man süße Mandeln, gebrannte Walnüsse, Haselnüsse, heiße Esskastanien oder Maronen finden. Ob süß ummantelt oder naturbelassen – Nüsse sind eine echte weihnachtliche Leckerei.

Nüsse gehören zur traditionellen Weihnachtsbäckerei einfach dazu.

Im Volksglauben haben sie einen hohen Symbolwert. Die Walnuss galt schon in der Antike als Zeichen der Fruchtbarkeit und als Glücksbringer. Bei römischen Hochzeiten warf der Bräutigam Walnüsse in die Menge der Hochzeitsgäste. Die Kelten hingegen verehrten die Haselnuss als Fruchtbarkeits- und Lebenssymbol.

In Maßen genossen gelten Nüsse als gesundheitsfördernd.

Im Mittelalter attestiert Hildegard von Bingen den Nüssen auch eine hohe Heilkraft. Heute weiß man, dass Nüsse viele Omega-3-Fettsäuren enthalten und die Konzentration fördern.

In Schlesien bekommt man nach dem weihnachtlichen Festessen vier Nüsse gereicht, in Bayern sind es zwölf. Die stehen für die vier Jahreszeiten bzw. die zwölf Monate im Jahr. Knackt man eine „taube" Nuss, so kündigt sie für die jeweilige Zeit ein Unglück an, so der Aberglaube.

Als die Christbaumkugeln noch nicht an jedem Tannenbaum hingen, waren es vergoldete Nüsse, Äpfel und rote Schleifen. Und schließlich findet man zahlreiche schöne Märchen, die sich besonders in der Adventszeit einer hohen Beliebtheit erfreuen.

In „Drei Haselnüsse für Aschenbrödel" oder bei „Die beiden Königskinder" bergen die Nüsse kleine Gaben für die Heldinnen, die durch deren Hilfe ihre Liebsten für sich gewinnen können. Die Nuss ist also aus der Adventszeit nicht wegzudenken!

Nussknacker

Bei vielen gehört der Nussknacker zur weihnachtlichen Dekoration, und so manch einem Kind wird er mit seinem oft grimmigen Aussehen schon Angst eingejagt haben. Es gibt aber außer dem bunten Männlein noch viele andere Arten von Nussknackern, und ihre Geschichte reicht bis in die Antike zurück. Schon damals gab es zum Öffnen der Nüsse zangenähnliche Werkzeuge, die möglicherweise sogar von Aristoteles erfunden wurden. Wer keinen solchen Nussknacker besaß, musste sich entweder mit einem Hammer oder mit den Zähnen behelfen.

Schon in der Antike wurde manche harte Nuss geknackt.

Aufgrund von archäologischen Funden geht man davon aus, dass es auch dekorative Nussknacker aus Bronze gab, deren eigentlicher Zweck nicht mehr nur das Knacken der Nuss war. Im 18. Jahrhundert begann man in Südtirol und im Oberammergau mit der Herstellung von figürlichen Nussknackern. Die Italiener nahmen dafür lustige Gesellen aus dem Volk zum Vorbild, um die Kinder zu erfreuen. In Bayern sahen die Figuren meist orientalisch aus. Seinen Siegeszug trat der Nussknacker jedoch erst an, als man auch im Erzgebirge mit der Handwerkskunst begann. Mitte des 18. Jahrhunderts mussten sich die vielen arbeitslosen erzgebirgischen Bergarbeiter nach neuen Erwerbsquellen umsehen, und so machten sie kurzerhand ihre Freizeitbeschäftigung zum Beruf. Die Stadt Seiffen ist noch heute das Zentrum der erzgebirgischen Holzkunst. Die bunt bemalten Holzmänner stellen normalerweise Personen dar, die früher der Obrigkeit angehörten, zum Beispiel Gendarmen, Husaren oder Förster.

Die klassischen Nussknacker gerieten früher zu Karikaturen der Obrigkeit.

Wem diese typisch weihnachtlichen Nussknacker zu bunt sind, dem bleiben noch zahlreiche andere Werkzeuge. Der normale Zangen-Nussknacker zum Beispiel, aber auch der sogenannte Schrauben-Nussknacker, bei dem die Nussschale durch den Druck der Schraube geknackt wird.

Der Nussknacker (Ballett)

Tschaikowskys Ballett gehört in der Weihnachtszeit auf jeden Spielplan.

Gerne führen Theater das Ballett „Der Nussknacker" in der Vorweihnachtszeit, denn die an das Märchen „Nussknacker und Mäusekönig" angelehnte Handlung findet tatsächlich an Weihnachten statt. Die Geschichte handelt von dem Mädchen Klärchen (im russischen Original Mascha), das zum Fest vom Patenonkel einen Nussknacker geschenkt bekommt. Sie nimmt ihn mit ins Bett und träumt von einer Schlacht zwischen dem Mäusekönig und der Spielzeugarmee des Nussknackers, die Letzterer mit Klärchens Hilfe gewinnt. Anschließend verwandelt sich der Nussknacker in einen Prinzen und macht sich mit Klärchen auf den Weg ins Land der Süßigkeiten. Nachdem die beiden durch den Tannenwald gewandert sind und dem Tanz der Schneeflocken zugeschaut haben, kommen sie schließlich zur Zuckerfee. Diese gibt ein rauschendes Fest zu Ehren Klärchens und des Nussknackers.

Der Tanz der Schneeflocken ist einer der Höhepunkte des Balletts.

Das ursprüngliche Märchen stammt aus der Feder von E. T. A. Hoffmann, Peter Tschaikowsky bezog seine Inspiration jedoch aus einer zweiten Fassung von Alexandre Dumas. Tschaikowsky übernahm die Vertonung und sein Freund Petipa schrieb das Ballett, und am 18. Dezember 1892 wurde „Der Nussknacker" schließlich im Mariinsky-Theater in St. Petersburg uraufgeführt. Den großen Erfolg des Stücks erlebte Tschaikowsky leider nicht mehr, da er kaum ein Jahr später starb.

Das Ballett besteht aus zwei Akten und einer Ouvertüre. Sehr bekannt ist der „Tanz der Schneeflocken". Bei der „Nussknackersuite" handelt es sich dagegen um ein aus dem Ballett abgeleitetes Musikstück, das es in vielen verschiedenen Versionen gibt und auch durch die Verwendung im Disney-Film „Fantasia" sehr bekannt geworden ist.

Wer also für das nächste Weihnachtsfest noch nichts vorhat, sollte sich auf keinen Fall den „Nussknacker" entgehen lassen.

Räuchermännchen

So mancher Raum duftet in der Adventszeit herrlich weihnachtlich. Dafür verantwortlich sind meist die traditionellen Räuchermännchen, die gemächlich vor sich hin paffen und einen Duft von Weihrauch, Lavendel oder Orange verströmen.

Gemütliche Gesellen aus dem Erzgebirge

Früher gab es für Räucherkerzen und Weihrauch nur schlichte Abdeckungen, die Brände vermeiden sollten. Die besonderen künstlerischen Fähigkeiten der Erzgebirger machten aus den einfachen Umhüllungen aber schnell hübsche Schmuckstücke aus Holz. Rund um den Raum Seiffen, der Spielzeugstadt des Erzgebirges, wurden Räuchermännchen zu Beginn des 19. Jahrhunderts zum ersten Mal hergestellt. Meist hatten die Männchen Berufe der Region zum Thema. So findet man vor allem Förster, Hausierer, Bergmänner und Soldaten. Aber auch Weihnachts- oder Schneemänner fehlen nicht im Reigen der rauchenden Figuren. Mittlerweile stellen sie jede Art von Hobby, Beruf, bekannten Personen, Märchenfiguren und Tieren dar – von Wilhelm Tell zum Rattenfänger von Hameln, vom Rentier bis zu den drei Musketieren.

Der Uhrenhändler ist nur einer von vielen dargestellten Berufen und Typen.

Die Funktionsweise der kleinen Männchen ist dabei ganz einfach: Die Figur besteht aus zwei Teilen. In den unteren Teil wird ein Räucherkegel oder eine -kerze gestellt. Der nach oben steigende Rauch tritt dann an der Öffnung des Oberteils, meist als Mund dargestellt, aus, und verbreitet einen wohligen Duft im Raum. Die Räuchermännchen gibt es in allen Größen von 10 cm bis zu 2 Metern. Die sehr großen Exemplare findet man zumeist auf Weihnachtsmärkten. Sie müssen dann auch mit speziellen Rauchgeneratoren betrieben werden.

Ein kleines Männchen aus dem Erzgebirge sieht nicht nur drollig aus, sondern trägt durch den Duft auch noch zur Weihnachtsstimmung bei. Zum traditionellen Weihnachten gehören die Räuchermännchen ebenso dazu wie Pyramiden und Schwibbögen.

Rentiere

In einer sternenklaren Winternacht sieht man plötzlich eine Silhouette am Mond vorbeirauschen – das kann doch nur der Weihnachtsmann mit seinem Rentierschlitten sein! Da der Weihnachtsmann dem Volksglauben zufolge aus dem hohen Norden kommt, ist ihm die Entscheidung, Rentiere als Zugtiere seines Schlittens zu wählen, wahrscheinlich leichtgefallen. Rentiere sind gut an die unwirtlichen Witterungsbedingungen im Norden gewöhnt und kommen vor allem in Nordeuropa, -amerika und -asien vor. Außerdem sind sie die einzige Hirschart, die man weitgehend domestizieren konnte. Auch die Weibchen tragen ein Geweih, das sie im Gegensatz zu den Männchen den Winter über behalten. Die Männchen werfen dagegen schon im Herbst ihr Geweih ab, was Verwirrung stiften kann, wenn man an die vorwiegend männlichen Zugtiere von Santa Claus denkt.

Mit dem Rentierschlitten fliegt Santa Claus über die Dächer.

Ursprünglich wurde Santas Schlitten nur von acht Rentieren gezogen, die uns alle mehr oder weniger bekannt sein dürften aus dem Lied vom rotnasigen Rentier Rudolf. Es handelt sich dabei nicht ausschließlich um männliche Tiere, wie oftmals angenommen wird. Die Tiere sind paarweise angeordnet, ein Männchen steht also neben einem Weibchen. Als erstes Paar direkt vor dem Schlitten laufen Dasher, der Schneidige, und Dancer, die Tänzelnde; das zweite Paar sind Prancer, der Paradierende, und Vixen, die Zänkische; das dritte Paar wird gebildet aus Comet, dem Stern, und Cupid, der Göttlichen; das letzte Paar, also die Leittiere, sind Donner und Blitzen. Donner ist das durchsetzungsfähigste Rentier von allen, und Blitzen ist die Schnellste und auch die Leiterin der Rentierspiele, deshalb standen diese beiden wohl immer an der Spitze des Zuges.

Erst später, im Jahre 1939, kam das allseits beliebte Rentier Rudolf hinzu. Robert L. May schrieb die Geschichte vom kleinen Rudolf,

Rentiere leben vor allem im finnischen Lappland, sie sind nordisches Klima gewöhnt.

dessen Nase so rot leuchtet, dass alle anderen ihn permanent verspotten und auslachen. Als jedoch Santa in einer nebligen Nacht Geschenke verteilen muss, setzt er Rudolf als Leittier ein, und mit seiner leuchtenden Nase führt Rudolf das Gespann durch die Nacht. Er ist also gewissermaßen der Retter des Weihnachtsfestes. Von nun an wird er von den anderen Tieren akzeptiert und bleibt, obwohl er der Jüngste ist, das Leittier. Es gibt heutzutage zahlreiche Adaptionen der Geschichte um Rudolf, und auch die Zahl der Rentiere variiert. Aber ob nun Männchen oder Weibchen, ob rote Nase oder nicht, die Hauptsache bleibt ja, dass die Geschenke rechtzeitig zum Fest geliefert werden.

Schlitten

Vom Transportmittel zum lustigen Volkssport

Im Dezember, wenn der erste Schnee fällt, ist es wieder so weit. Die Schlitten werden aus dem Keller oder vom Dachboden geholt, und schon kann der Winterspaß beginnen. Jeder noch so kleine Hügel dient dann als Schanze, und die Kinder möchten meist gar nicht mehr aufhören zu rodeln. Da wird die Kondition der Eltern oft auf eine harte Probe gestellt, wenn es heißt: „Zieh mich wieder hoch!" Anschließend folgt meist eine Schneeballschlacht.

Doch die Kinder sind nicht die Einzigen, für die der Schlitten an Weihnachten eine wichtige Rolle spielt. Denn schließlich nutzt der Weihnachtsmann einen Schlitten, um mit all den Geschenken beladen den weiten Weg vom hohen Norden zu uns zurückzulegen. In der Vorstellung der Amerikaner fliegt er ja sogar auf seinem Schlitten durch die Luft. Gezogen wird Santa Claus' Schlitten bekanntlich von einem Gespann aus sechs oder manchmal auch acht Rentieren. Die Geschichte von Rudolf, dem rotnasigen Rentier, entstand in den dreißiger Jahren, seitdem kennt sie jedes Kind.

Neben den winterlichen Gefährten gibt es auch ganz andere Schlitten, die einen praktischen Zweck erfüllen. Das war auch der ursprüngliche Sinn der meisten Schlitten, erst sehr spät wurde aus dem Transportmittel ein Sportgerät. So war zum Beispiel der Hornschlitten eigentlich ein Transportmittel für Holz oder Heu. Pferdeschlitten fanden oft in der Landwirtschaft Verwendung. Die Geschichte des Schlittens geht zurück auf die alten Ägypter, die ihn bereits zum Bewegen schwerer Lasten nutzten. Der Schlitten als Sport- oder Vergnügungsgerät ist dagegen eine relativ junge Erfindung. Entstanden ist der als Rodeln bekannte Wintersport im 19. Jahrhundert unter Urlaubern in Sankt Moritz. Auch die Skandinavier begannen zu dieser Zeit, Tretschlitten als praktisches Fortbewegungsmittel und auch zum Freizeitvergnügen zu nutzen. Bei

Santa Claus benutzt einen Rentierschlitten als Transportmittel für die Geschenke.

einem Tretschlitten handelt es sich um ein Gefährt, das wie ein Stuhl aussieht. Eine Person setzt sich auf den Schlitten, und eine zweite steht dahinter und schiebt den Schlitten an. Auch heute gibt es in Finnland noch alljährlich die Weltmeisterschaften im Tretschlittenfahren. Hierzulande rodelt man dagegen lieber. Das Wort „rodeln" kommt ursprünglich vom schweizerischen „rotteln", was so viel heißt wie „schütteln" oder „rütteln". Und man wird ja in der Tat beim Rodeln meist ordentlich durchgeschüttelt – wenn man nicht die ganze Zeit damit beschäftigt ist, die Kinder den Berg hochzuziehen.

Schokoladenweihnachtsmann

Leibhaftige Weihnachtsmänner sind nicht jedermanns (und jedes Kindes) Sache, doch ein ganz besonderer Weihnachtsmann dürfte wohl in keinem Haushalt fehlen: der aus Schokolade. Schon um 1820 stellte man die ersten Figuren aus massiver Schokolade her, damals nahm man als Motiv aber noch den Nikolaus mit Bischofsmütze und Stab. Mitte des 19. Jahrhunderts begann dann die Herstellung der ersten Schokoladenhohlkörper. Alte Gussformen aus dieser Zeit sind heute in zahlreichen Schokoladenmuseen ausgestellt. Ganz ohne Aufwand allerdings werden die Weihnachtsmänner auch heute nicht produziert, selbst wenn dies längst am Fließband passiert. Zuerst müssen natürlich die Kakaobohnen zu Kakaomasse verarbeitet werden, und die Masse muss wiederum lange Zeit gerührt und geknetet werden, damit sie eine möglichst gleichmäßige Textur bekommt. Die flüssige Schokolade muss auf genau 28 °C heruntergekühlt werden, bevor sie in die zweiteiligen Formen für die Hohlkörper gefüllt wird. Anschließend werden die Formen in einer speziellen Maschine hin und her geschleudert, wobei sich die Schokolade relativ gleichmäßig an den Innenwänden der Form verteilt. Nach nochmaliger Kühlung bekommt der Schokomann dann sein festliches Gewand aus bedruckter Folie und kann sich auf den Weg in die Supermarktregale machen. In Deutschland werden pro Jahr rund 9.000 Tonnen Schokolade zu Weihnachtsmännern verarbeitet, damit liegen sie fast gleich auf mit den Osterhasen aus Schokolade. Übrigens, dass Osterhasen eingeschmolzen und zu Weihnachtsmännern gemacht werden, ist tatsächlich nur ein Gerücht; ob die Schokolade aber noch frisch

Der leckere Weihnachtsmann darf unter keinem Christbaum fehlen.

ist, wenn man die Weihnachtseinkäufe erledigt, ist hingegen nicht immer garantiert, da die Süßigkeiten mittlerweile schon ab Oktober in den Regalen stehen.

Im Jahr 2008 wurde der größte Schokoladenweihnachtsmann der Welt in einer Schokoladenfabrik in Wernigerode herstellt. Er maß 3,65 m in der Höhe und wog 180 kg. Wer diese ganze Schokolade später gegessen hat, wissen wir nicht, hoffen aber, dass ihm nicht schlecht geworden ist.

Noch vor wenigen Jahren gab es den süßen Weihnachtsmann fast ausschließlich aus Vollmilchschokolade, heute hingegen kann jeder die Schokofiguren seinem Geschmack entsprechend genießen. Es gibt den Mann im roten Mantel nämlich inzwischen in allen möglichen Variationen – von dunkler Schokolade über Nussschokolade bis hin zu ausgefallenen Kreationen, wie Krokant-Weihnachtsmännern. Da wird es immer schwerer, auf die Figur zu achten.

Manche Schokoladenfiguren sind fast zu schade zum Aufessen.

Schwibbogen

Eine bergmännische Tradition wird zum Volksbrauch.

Allweihnachtlich werden Deutschlands Fenster mit halbkreisförmigen Bögen dekoriert, die den lustigen Namen Schwibbogen tragen. Der Schwibbogen ist noch nicht sehr lange verbreitet, obwohl er bereits im 18. Jahrhundert erfunden wurde. Er ist ein fester Bestandteil der erzgebirgischen Volkskunst und gehörte ursprünglich ausschließlich in den Alltag der Bergleute. Der vermutlich erste Bogen, gefertigt im Jahr 1740, stammt aus dem Bergbau-Städtchen Johanngeorgenstadt. Er war wahrscheinlich ein Weihnachtsgeschenk des Bergschmieds Johann Teller Kumpel im Bergbau und ihre Zechenstube. Bis ins 20. Jahrhundert bestanden die Schwibbögen normalerweise aus Metall, da sie traditionell von den Bergschmieden hergestellt wurden. Lange Zeit waren sie ausschließlich den Zechenstuben der Bergleute als Dekoration in der Weihnachtszeit vorbehalten. Zur Deutung der Symbolik des Bogens gibt es verschiedene Ansätze. Oftmals wird angenommen, dass die Bogenform das Mundloch eines Stollens darstellen soll; wahrscheinlicher ist es aber, dass damit der Himmelsbogen gemeint ist. Darauf lässt sich schließen, weil auf den frühen Schwibbögen meist Sonne, Mond und Sterne zu finden sind. Dass der Schwibbogen früher ausschließlich den Bergleuten galt, ist sehr gut an den Figuren zu erkennen. Meist handelte es sich um Alltagsszenen, und das Symbol der Bergleute, Schlägel und Eisen, findet sich immer wieder. Häufig stellte man auch Adam und Eva im Paradies und den Sündenfall dar. Den meisten mag das

Die erzgebirgischen Lichterbögen werden noch heute kunstvoll von Hand gearbeitet.

Die Schwibbögen stellen oft filigran geschnitzte Landschaften dar.

nicht unbedingt als Weihnachtsmotiv scheinen, aber nach dem katholischen Kalender ist der 24. Dezember eigentlich der Tag Adams und Evas. Als sich der Schwibbogen später allgemein als Schmuck für die erzgebirgischen Wohnstuben durchsetzte, kamen weitere Motive dazu. Es wurden zum Beispiel Berufe wie der der Klöpplerin oder der des Schnitzers dargestellt, aber auch die Weihnachtsgeschichte.

Ab den 1930er Jahren verbreitete sich der Schwibbogen auch außerhalb des Erzgebirges und wurde nun vorwiegend aus Holz gefertigt. Er erfreute sich bald einer solchen Beliebtheit, dass es sogar Laubsäge-Sets zum Selbstbauen gab.

Heute kann man seinen Bogen aus einer großen Anzahl von Motiven wählen, und in jedem Jahr gibt es einen Wettbewerb in der erzgebirgischen Stadt Stollberg, um den Titel des „Schwibbogenkönigs". Das kleine Johanngeorgenstadt hat sich inzwischen den Namen „Stadt des Schwibbogens" gegeben, und am 3. Adventssonntag findet dort alljährlich das Schwibbogenfest statt. Wer einen Bogen kaufen möchte, fährt am besten nach Seiffen, in die erzgebirgische Hauptstadt, denn sie bildet zugleich das Zentrum der Handwerkskunst.

Singen

Für manchen ein Graus, für viele ein Vergnügen und ein fester Bestandteil unserer weihnachtlichen Rituale: das weihnachtliche Singen.

Das Adventsingen ist besonders im süddeutschen Raum und Österreich verbreitet. Das wohl berühmteste findet jedes Jahr in Salzburg statt und zieht oft bis zu vierzigtausend Besucher an. Im Dezember 1946 veranstaltete der Volksmusiker Tobias Reiser mit Freunden zum ersten Mal ein gemeinschaftliches Musizieren vor Publikum. Die Aufführung, seit 1950 bekannt als „Salzburger Adventsingen", fand damals im Kaisersaal der Salzburger Residenz statt. Später entschloss man sich ins größere Festspielhaus zu ziehen, wo das Adventsingen auch heute noch veranstaltet wird und neben den „Salzburger Festspielen" und den Osterfestspielen zu den wichtigsten kulturellen Ereignissen des Jahres zählt.

Das gemeinsame Musizieren in der Adventszeit stimmt auf Weihnachten ein.

Das gemeinsame Singen mit der Familie gehört zu Weihnachten einfach dazu.

In ganz Deutschland bestens bekannt sind die „Sternsinger", die in der Zeit zwischen dem 27. Dezember und dem 6. Januar durch die Städte und Dörfer ziehen. Schon im Mittelalter zogen meist ärmere Kinder als Heilige Drei Könige verkleidet durch die Straßen, sangen Lieder und sagten Gedichte auf. Dafür erhofften sie sich eine Spende. Im Laufe der Zeit verlor dieser Brauch immer mehr seinen ursprünglichen Sinn. Im Jahr 1959 wurde das Dreikönigssingen vom Kindermissionswerk wieder zu neuem Leben erweckt. Im Vordergrund stand dabei die Hilfe für notleidende Kinder in der Dritten Welt. Bis heute ist das Sternsingen zur weltweit größten Hilfsaktion von Kindern für Kinder herangewachsen, an der sich jährlich ungefähr 500.000 Kinder und Jugendliche beteiligen. Das Singen zur Weihnachtszeit ist also eine weitverbreitete Tradition. Es soll den besinnlichen Charakter des Weihnachtsfestes erhalten und dabei Botschaften wie die der Nächstenliebe verbreiten.

Sinterklaas

Sinterklaas macht sich auf den weiten Weg von Spanien in die Niederlande.

Für die Kinder in den Niederlanden beginnt die schönste Zeit des Jahres schon lange vor dem eigentlichen Weihnachtsfest, denn dort feiert man den Nikolausabend – „Sinterklaas-avond" – besonders groß. Sinterklaas ist nicht nur für die Kinder von großer Bedeutung, er wird auch gleichzeitig als Schutzpatron der Seefahrer verehrt. Bereits Ende November kommen Sinterklaas und seine Knechte, die „Zwarten Pieten", mit einem Schiff aus Spanien angereist, um die Geschenke zu bringen. Die Ankunft in einer der großen Hafenstädte ist jedes Mal ein großes Ereignis, und sogar die Königin nimmt manchmal persönlich daran teil. Zu dieser Zeit dürfen die Kinder auch schon ihre Schuhe oder Stiefel aufstellen, denn in den Nächten vor dem 5. Dezember reitet Sinterklaas auf seinem weißen Schimmel durch das Land und streut mit Hilfe der Pieten Süßigkeiten durch den Kamin. Außerdem gibt es Umzüge in den Straßen, bei denen die Pieten Pfeffernüsse verschenken. Diese Tradition geht auf die Legende zurück, dass der heilige Nikolaus früher Pfeffernüsse verteilt hat, die mit Goldmünzen gemischt waren und den armen Leuten helfen sollten. Überhaupt sind die Niederländer große Liebhaber von Süßigkeiten, besonders in der Weihnachtszeit. Sie essen viel Marzipan, außerdem die beliebten Schokoladenmünzen und Buchstaben, die entweder aus Backwerk bestehen oder aus Schokolade.

Der gutmütige Bischof reist mit seinen Knechten, den Zwarten Pieten, auf einem Schiff nach Holland.

Am 5. Dezember findet dann endlich die große Bescherung statt. Am Abend klopft es an der Tür, und wenn man öffnet, liegt ein ganzer Berg Geschenke davor. Die Geschenke sollten möglichst phantasievoll verpackt sein, so dass man nicht gleich erkennt, was drin ist. Meist gehört zu jedem Geschenk ein kleines Gedicht, das sich auf den Empfänger bezieht und von Sinterklaas „persönlich" unterschrieben wurde. Am 6. Dezember, dem eigentlichen Feiertag des Nikolaus, macht dieser sich schon wieder auf den Weg Richtung Spanien, um dort die Geschenke für das nächste Jahr vorzubereiten. An den eigentlichen Weihnachtsfeiertagen gibt es in den Niederlanden normalerweise keine Geschenke mehr. Man nutzt die freie Zeit, um sich mit Freunden und Verwandten zu treffen und um einfach eine ruhige, besinnliche Zeit zu verbringen. In vielen Familien ist es Sitte, am 24. Dezember zur Mitternachtsmesse zu gehen. Eine besondere Tradition in den Niederlanden ist auch das Schreiben von Weihnachtskarten. Die Post verkauft sogar verbilligte Briefmarken, um die allgemeine weihnachtliche Schreiblust zu unterstützen. Manche Familien haben den Sinterklaas-Tag allerdings weitestgehend abgeschafft, und manche feiern sogar am 5. und am 24. Dezember. Aber ob sich der Weihnachtsmann in den Niederlanden durchsetzen und den beliebten gutmütigen Mann mit Bischofsmütze ablösen wird, bleibt abzuwarten.

Spenden

Weihnachten ist das Fest der Nächstenliebe. Auch wenn in unserer konsumorientierten Gesellschaft die eigentliche Bedeutung des Weihnachtsfestes zunehmend in den Hintergrund gerät, so erfährt die urchristliche Tugend der Caritas (Lat. für „Nächstenliebe") noch immer jedes Jahr im Dezember eine Renaissance. So laufen besonders in der Weihnachtszeit in Deutschland die Spenden-Aktionen auf Hochtouren. Die wohl bekannteste Aktion besteht schon seit dem Jahr 1978 und wurde von Axel Springer ins Leben gerufen. Die Rede ist von „Ein Herz für Kinder". Die ursprüngliche Idee war es, etwas dagegen zu tun, dass viele Kinder durch Verkehrsunfälle umkommen. Seit damals sieht man an vielen Autos den herzförmigen Aufkleber, der um Rücksichtnahme im Straßenverkehr bittet. Im Laufe der Jahre wurde „Ein Herz für Kinder" zu einer der größten internationalen Hilfsorganisationen für Kinder in Not. Einmal im Jahr in der Vorweihnachtszeit gibt es eine große Gala, an der zahlreiche Prominente beteiligt sind. Im Jahr 2008 wurde ein Spendenrekord von 15,4 Mio. Euro erreicht.

Nächstenliebe steht in der Weihnachtszeit hoch im Kurs.

Wer seriösen Institutionen seine Spenden zukommen lassen will, sollte auf das DZI-Siegel achten. Dieses Zertifikat wird vom Deutschen Zentralinstitut für soziale Fragen vergeben und garantiert eine Überwachung der Vergabemodalitäten des eingenommenen Geldes. Ein wichtiges Kriterium dabei ist, dass die Verwaltungskosten einen Prozentsatz von 35 % nicht überschreiten dürfen, denn sonst kommt zu wenig Geld bei den entsprechenden Projekten an.

Wer spenden möchte, sollte darauf achten, dass das Geld nicht in die falschen Hände gerät.

Leider lässt nach Weihnachten die Spendeneuphorie in der Regel wieder schlagartig nach. Dabei wäre es sicher nützlicher, das ganze Jahr über etwas zu tun, selbst wenn man nur geringe Geldbeträge spenden kann. Denn nicht nur an Weihnachten hat die Welt mehr Nächstenliebe bitter nötig.

Truthahn und Plumpudding

Father Christmas und Knallbonbons

In Großbritannien ist das Weihnachtsfest weniger ein besinnliches Zusammentreffen als vielmehr ein großes, fröhliches Fest, an dem die ganze Familie teilnimmt. Schon Anfang Dezember schmücken die Briten ihre Häuser und Wohnungen festlich mit Mistelzweigen, Stechpalmen und bunten Papiergirlanden. Es ist Sitte, sich gegenseitig Weihnachtspost zu schicken. Die Karten werden an einer Leine im Zimmer aufgehängt oder auf den Kaminsims gestellt. In der Vorweihnachtszeit sind bei Kindern auch die Christmas Carols, zu deutsch Weihnachtslieder, sehr beliebt. Die Tradition der Carols stammt noch aus alten Zeiten, als arme Kinder in der Weihnachtszeit durch die Straßen zogen und mit ihrem Gesang versuchten, ein bisschen Geld zu verdienen.

Daran kommt man in England in der Weihnachtszeit nicht vorbei: Plumpudding.

Am 24. Dezember, dem Christmas Eve, wird alles für die bevorstehenden Feiertage vorbereitet. Die Geschäfte haben dann sogar noch bis spätabends auf, damit man noch letzte Erledigungen machen kann. Father Christmas kommt dann erst in der Nacht zum 25. Dezember mit seinem Rentierschlitten angeflogen, um durch den hoffentlich abgekühlten Kamin in die Wohnzimmer zu steigen. Dort warten meist Gebäck und Milch, damit er sich vor der Weiterreise stärken kann. Für die Geschenke befestigt jedes Familienmitglied eine große Socke am Kamin. Früher musste man sie noch selbst stricken. Kinder, die sich nicht diese Mühe gemacht hatten, fanden am nächsten Morgen zur Strafe nur eine Rute vor – Weihnachten kann auch grausam sein.

Am 25. Dezember, dem Christmas Day, stehen die Kinder schon in aller Herrgottsfrühe auf, singen ihren Eltern ein Weihnachtslied und machen sich sogleich daran, die Geschenke auszupacken. Im Laufe des Tages versammelt sich dann die ganze Familie zum Festessen, bei dem es traditionell einen gefüllten Truthahn und Plumpudding, eine Art Kuchen aus getrockneten Früchten, Rosinen und Gewürzen, gibt.

Während des Essens beschäftigt man sich nebenbei mit den Christmas Crackers; dabei handelt es sich nicht etwa um Knabbergebäck, sondern um bunte Knallbonbons. In jedem befindet sich eine Krone aus Papier, und im Laufe des Tages feiern dann lauter Königinnen und Könige. Am Nachmittag schauen sich die patriotischen Briten selbstverständlich die Weihnachtsansprache der Queen im Fernsehen an. Den Rest des Tages verbringt man dann mit ausgelassenem Feiern und Gesellschaftsspielen. Dabei sollte man es allerdings nicht zu bunt treiben, denn am nächsten Tag, am Boxing Day, stehen Besuche bei Freunden und Bekannten auf dem Programm.

Der Boxing Day diente ursprünglich dazu, den Bediensteten ein Geldgeschenk zu überreichen, das man in eine Box steckte – daher stammt der Name. Nach einem solchen Programm wird es wohl vielen Menschen nicht leicht fallen, nach den Feiertagen wieder arbeiten zu gehen.

Urbi et orbi

Vielen, ob sie nun der katholischen Kirche angehören oder nicht, wird wohl der vom Papst gespendete Segen am ersten Weihnachtsfeiertag und an Ostern bekannt sein. Es handelt sich hierbei um einen besonders feierlichen Segen, der auch am Tag der Amtseinsetzung jedes neuen Papstes gespendet wird, immer vom Mittelbalkon des Petersdomes aus. Aufgrund seiner Funktion wird dieser Balkon auch Benediktions-Loggia genannt. Die Worte *„urbi et orbi"* bedeuten der *„Stadt und dem Erdkreis"* und wurden von der römisch-katholischen Kirche aus dem römischen Reichsbewusstsein übernommen. Die Römer setzten ihre Stadt mit dem gesamten Erdkreis gleich, und auf den Papst bezogen bedeutete dies, dass er sowohl der Bischof von Rom als auch das Oberhaupt der gesamten römisch-katholischen Kirche ist. Als Segensspruch wurde die Wendung allerdings erst ab dem 13. Jahrhundert offiziell genutzt und zuerst auch nur zur Amtseinsetzung der neuen Päpste, bei der es hieß: „Investio tede Papata Romano, ut praesis urbi et orbi." – „Ich bekleide dich mit der römischen Papstwürde, auf dass du vorstehest der Stadt und dem Erdkreis." Auch wenn wir die Formulierung *urbi et orbi* heute fast nur noch von der Segenserteilung her kennen, wird sie doch immer noch von der römischen Kurie – den Verwaltungsorganen des heiligen Stuhls – für Dokumente genutzt, die eine weltweite Gültigkeit haben sollen.

„Der Stadt Rom und dem gesamten Erdkreis"

Heute wird der Segen allen Katholiken auf der ganzen Welt erteilt und ist mit einem vollständigen Ablass der Sünden verbunden. Allerdings muss man den Segen hören und sehen und auf jeden Fall guter Gesinnung sein. Früher musste man der Segenssprechung persönlich beiwohnen und sich in Sichtweite des Sprechers befinden, damit der Ablass wirkt, und somit war Rom an Ostern und Weihnachten für viele ein äußerst wichtiger Wallfahrtsort. Ab 1967 wurde der Segen dann auch im Radio übertra-

gen, 1985 kam die Fernsehübertragung dazu, und heute kann man sich den Segen sogar im Internet ansehen.

Prinzipiell darf nur der Papst diesen wichtigen Segen aussprechen, es ist aber in Ausnahmefällen erlaubt, dass der Heilige Vater einem Bischof, Kardinal oder Priester die Vollmacht zur Segenssprechung erteilt. Auch die Regelung, dass der Papst vom Balkon aus sprechen muss, kann, wenn nötig, außer Acht gelassen werden. So war zum Beispiel Papst Johannes Paul II. am Ende seiner Amtszeit zu gebrechlich, um noch nach draußen zu treten. Er sprach den Segen also direkt nach der Messe vom Altar aus. Eine weitere Besonderheit des *urbi et orbi* ist, dass er stumm erteilt werden kann. Dies wird nötig, wenn ein Papst nicht mehr in der Lage ist zu sprechen. Noch immer hat der Segen zum Fest weltweit große Bedeutung für Katholiken, und so ist es nicht verwunderlich, dass der Platz vor dem Petersdom in Rom zu diesen Anlässen überfüllt ist.

Tausende Menschen versammeln sich auf dem Petersplatz in Rom, um den Segen zu empfangen.

Väterchen Frost

Wie würde es Ihnen gefallen, zweimal Weihnachten zu feiern? In Russland gönnt man sich diesen Luxus. Am 6. oder 7. Januar feiert die orthodoxe Kirche das eigentliche Weihnachtsfest, und das neue Jahr beginnt erst am 12. Januar. Man richtet sich dabei noch nach dem julianischen Kalender. Früher brachte in Russland wie bei uns noch der Nikolaus die Geschenke, auch wenn das Weihnachtsfest für die orthodoxe Kirche keine sehr wichtige Rolle spielt. Väterchen Frost (Djed Maros) als Geschenkebringer ist dagegen eine kommunistische Erfindung und diente in der Sowjetunion dazu, sich von der Kirche zu distanzieren. Anstelle von Weihnachten fing man an, das sogenannte Jolkafest schon am 31. Dezember zu feiern.

Eine Figur aus der russischen Sagen- und Märchenwelt

Die russisch-orthodoxe Kirche feiert Weihnachten erst im Januar.

Die Figur des Väterchen Frost gab es allerdings schon lange Zeit vor der Sowjetunion in der russischen Sagen- und Märchenwelt. Er stellt ursprünglich den Winter dar, was auch heute noch sehr gut an seinem Aussehen zu erkennen ist. Im Gegensatz zu unserem Weihnachtsmann trägt Väterchen Frost ein eisgraues Gewand, das mit blauen und silbernen Fäden bestickt ist.

In der Hand hält er stets ein magisches Zepter, dessen Spitze alles, was sie berührt, gefrieren lässt. Wenn er an Weihnachten die vielen Geschenke verteilt, wird er von seiner fleißigen Enkelin Schneeflocke (Snjegurotschka) begleitet.

Väterchen Frost erfreute sich zu allen Zeiten großer Beliebtheit und hat heute sogar eine eigene Postadresse in Welih Ustjug, wohin die Kinder ihre Wunschzettel schicken können. Aber auch die kirchlichen Feiertage nahmen seit dem Ende der Sowjetunion wieder an Bedeutung zu, und man entschloss sich, die Zahl der Feiertage aufzustocken. Weihnachten und Neujahr gibt es jetzt also zweimal, und wem gefiele es nicht, einmal öfter Grund zum Feiern zu haben?

Weihnachtsansprache

Seit den 1920er Jahren wenden sich Regierung oder Staatsoberhaupt zum Fest an das Volk.

Alle Jahre wieder hält der Bundespräsident am ersten Weihnachtstag eine feierliche Rede an das deutsche Volk. Ziel ist es, Zuversicht zu vermitteln, positive Entwicklungen hervorzuheben und an die Nächstenliebe zu appellieren. In frühen Jahren bot die Weihnachtsansprache aber auch immer wieder Gelegenheit für politische Stellungnahmen; bei Konrad Adenauer hatte sie eher den Charakter einer Predigt. Nach dem Zweiten Weltkrieg, bis 1969, hielt der Bundeskanzler die Weihnachtsansprache und der Bundespräsident die Neujahrsrede. Erst 1970 wurde getauscht. Mittlerweile werden die Reden zuvor aufgezeichnet. Zum Jahreswechsel 1986/87 kam es aber zum Eklat: Die ARD zeigte versehentlich Helmut Kohls Rede aus dem Vorjahr.

Bundespräsident Horst Köhler hält seine Weihnachtsansprache.

Nicht nur in Deutschland ist die Rede an das Volk üblich. In Großbritannien erfreut sich die feierliche Ansprache der wohl größten Beliebtheit. König George V. war der Erste, der 1932 eine Weihnachtsansprache an das britische Volk sendete und dies jährlich bis zu seinem Tode beibehielt. Erst bei Kriegsausbruch 1939 wurde die „Christmas address“ zu einer festen, alljährlichen Tradition. Die beliebten Ansprachen der Queen fanden bis auf eine Ausnahme jedes Jahr statt. Als im Jahr 1969 die Rede ausfiel, war die Besorgnis der Bevölkerung so groß, dass die Queen die Fortführung im nächsten Jahr zusichern musste. Wichtig für die Briten ist vor allem die persönliche Note der Botschaft. So erzählt die britische Königin auch mal Begebenheiten aus der Royal Family.

Weihnachtsreden müssen natürlich nicht immer Staatsreden sein. Auch auf Firmenweihnachtsfeiern oder Familienfesten sollte eine Weihnachtsrede nicht fehlen. Und falls Sie mal selbst eine halten müssen, schauen Sie es sich bei den Oberhäuptern ab: Eine persönliche Botschaft kommt immer gut an!

Weihnachtsbäckerei

Das Backen von weihnachtlichem Gebäck gehört wohl schon sehr lange traditionell zum Fest. Gerade der sich im ganzen Haus verteilende Duft nach Zimt, Vanille und anderen Gewürzen macht die Adventszeit so besonders und stimmt uns auf das Fest ein. Jede Region hat dabei ihre eigenen speziellen Rezepte, manche erfreuen sich aber überall großer Beliebtheit. Zum Beispiel der Spekulatius. Er hat seinen Namen entweder von der lateinischen Bezeichnung des Beinamens von Bischöfen, „speculator", was „Aufseher" heißt, oder stammt vom lateinischen Wort für Spiegel, „speculum". Letztere Variante bezieht sich auf die Formen, die für das Backen der Kekse verwendet werden und in die die Motive spiegelbildlich eingelassen sind. Früher wurde als Motiv oft die Geschichte des heiligen Nikolaus verwendet, und man konnte anhand des Gebäcks tatsächlich die ganze Geschichte nacherzählen. Heute verwendet man eher zeitgemäße, regional gebundene Motive, wie Schiffe, Bauernhäuser oder Windmühlen. Früher galten Spekulatius als exotisches und wertvolles Gebäck, da Gewürze sehr teuer waren. Heute dürfen sie auf keinem bunten Teller fehlen.

Der Duft nach Gewürzen und frischem Backwerk zieht verlockend durch das Haus.

Ein hauptsächlich in Süddeutschland und Österreich bekanntes Weihnachtsgebäck sind die Springerle oder Anisbrötli. Es handelt sich wie beim Spekulatius um ein Bildgebäck und wird aus einem Eierschaumteig hergestellt. Der Teig wird in spezielle Formen aus Holz oder Stein gedrückt, dann ausgeschnitten und nach einer Trockenzeit von etwa vierundzwanzig Stunden gebacken. Durch das Trocknen bleibt das Relief im Teig erhalten, und nach einer Lagerzeit von zwei bis drei Wochen kann man die Kekse dann endlich essen. Früher gehörte das Schnitzen der Formen fest zum Handwerk der Zuckerbäcker, und die Motive waren hauptsächlich kirchlicher Natur. Später wurden dann weltliche Motive immer beliebter, und man verwendet die Springerle noch heute gern als Geschenk, zum Beispiel zu Hochzeiten. Ihren Namen haben die Springerle wahrscheinlich vom sogenannten „Aufspringen" des Teiges beim Backen, das durch die Verwendung von Hirschhornsalz verursacht wird.

Weihnachtsplätzchen kann man natürlich in jeder Bäckerei kaufen, aber gerade für Kinder ist die Betätigung in der häuslichen Weihnachtsbackstube ein großer Spaß. Wer hat als Kind nicht gerne vom Plätzchenteig der Mutter genascht? Auch beim Ausstechen oder Formen der Plätzchen helfen Kinder gerne mit. Eine besondere Freude bereitet meist das Verzieren der Gebäckstücke. Da wird mit Schokolade, Zuckerguss und lauter buntem Zuckerzeug experimentiert, und jeder will das schönste Plätzchen machen.

Das Ausstechen und Verzieren der Plätzchen ist bei den Kleinen sehr beliebt.

Weihnachtsfeier

Ein gemütliches Zusammensein kann das Arbeitsklima verbessern.

Zu den alljährlich wiederkehrenden Ritualen, die sich in unseren Breiten an Weihnachten abspielen, gehört auch die betriebliche Weihnachtsfeier. Dort wird dann innerbetriebliches Socializing mit meist nur mäßig weihnachtlicher Feierei verbunden.

Manchmal übernimmt die Betriebsleitung selbst die Organisation einer Feier, ansonsten finden sich oft genug engagierte Kollegen, die sich in die Vorbereitungen stürzen. Es ist allerdings gar nicht so einfach, eine gute Party zu organisieren, bei der sich alle wohlfühlen, eine einigermaßen weihnachtliche Stimmung aufkommt und es nicht langweilig wird. Allzu ausgefallene Sachen, wie einen Besuch im Sushi-Restaurant, vermeidet man besser. Die Kombination aus gemeinsamem Essen und Musik lockert die Sache auf und verhindert, dass das Beisammensein unverhofft zur inoffiziellen Betriebsversammlung wird.

Ein Julklapp ist eine bewährte Methode zur Auflockerung der Betriebsweihnachtsfeier.

Weihnachten ist auch die Zeit des Schenkens, und das gestaltet sich erfahrungsgemäß noch schwerer als üblich, wenn die Adressaten Arbeitskollegen sind. Um das Ganze etwas aufzulockern, machen viele Betriebe einen Julklapp. Die kleinen Geschenke, die von jedem mitgebracht werden, kommen dann in einen Sack, und jeder darf eines ziehen. Wichtig ist dabei, dass vorher ein bestimmter Höchstwert festgelegt wird.

Sehr beliebt ist auch das sogenannte Schrott-Wichteln. Da hat jeder die Gelegenheit, das schrecklichste Geschenk vom letzten Jahr wieder loszuwerden. Nach bestimmten Regeln wird um die Präsente gewürfelt.

Dazu fließen meist alkoholische Getränke; saisongerecht sind Glühwein und Punsch, aber auch Bier, Wein und andere Spirituosen werden gern konsumiert. Da kann das gemütliche Beisammensein schon mal feucht-fröhlich enden, und manch einer hat am nächsten Tag mit einem ordentlichen Kater zu kämpfen.

Weihnachtsfilme

Weihnachten ist Familienzeit. Man trifft sich an den Adventssonntagen, trinkt Kaffee und isst gemeinsam Stollen und Lebkuchen. Eigentlich sollte Weihnachten die Zeit der Besinnlichkeit und Ruhe sein, in der man auch mal Muße für ein längeres Gespräch hat. Doch häufig ist es leider so, dass stattdessen die Glotze angeworfen wird und die Familie sich lediglich stumm vor dem Fernsehprogramm versammelt. Das Fernsehen hat zu Weihnachten Hochkonjunktur und zeigt gerade in dieser Zeit des Jahres sämtliche Blockbuster. Oft sind aber auch echte Weihnachtsklassiker zu sehen, die wirklich „alle Jahre wieder" gezeigt werden. Historienschinken wie „Ben Hur" oder „Dr. Schiwago" versüßen so manche Nachmittage.

Die Auswahl ist riesig: Vom Thriller bis zum Märchenfilm ist alles dabei.

Kevin wird jedes Jahr aufs Neue zu Hause vergessen.

Ein klassisches Thema der Weihnachtsfilme ist auch das vom knickrigen und hartherzigen Ebenezer Scrooge, der von den Geistern der Weihnacht und seinem verstorbenen Partner Besuch bekommt. Die schrecklichen Dinge, die der Geizhals erlebt, verwandeln ihn völlig und lassen ihn, vom „Geist der Weihnacht" durchdrungen, zu einem guten Menschen werden. Die Geschichte „Christmas Carol" faszinierte die Menschen und erlebte von „Die Geister, die ich rief" bis zur „Muppets Weihnachtsgeschichte" zahlreiche Verfilmungen.

Auch „Der Kleine Lord" oder „Vom Winde verweht" gehören eindeutig zu den Klassikern des Weihnachtsprogramms. Stimmungsvoll sind aber besonders die zahlreichen Märchenfilme, von „Das kalte Herz" bis zu „Frau Holle". Auch Märchenfilme aus Russland erfreuen sich noch immer großer Beliebtheit. Der wohl am häufigsten gezeigte Film ist aber „Drei Haselnüsse für Aschenbrödel". Die tschechische Produktion überzeugt durch eine gute Besetzung, wunderbare Naturaufnahmen und stimmungsvolle Filmmusik. Das Märchen ist dabei nur wenig vom Grimm'schen „Aschenputtel" abgewandelt.

Weihnachtsflucht

Das bunte Glitzern, die allgegenwärtige Weihnachtsmusik und die überfüllten Innenstädte lösen bei nicht wenigen Menschen eine regelrechte Ablehnung des Weihnachtsfestes aus. Der ursprüngliche Anlass, die Geburt Christi, scheint heute oft keine Rolle mehr zu spielen. Stattdessen geht es nur noch darum, möglichst viele Geschenke zu kaufen und sehr viel Geld auszugeben. Die Geschäfte machen den Umsatz des Jahres und auch die Preise auf den Weihnachtsmärkten sind alles andere als erfreulich. Dazu kommt der Stress vor den Feiertagen. Gerade an Weihnachten kommen häufig Konflikte innerhalb der Familie ans Licht, und alles endet im Streit. Kein Wunder also, wenn sich manche danach sehnen, das Fest ausfallen zu lassen.

Manch einen locken weiße Strände und Palmen mehr als ein Weihnachtsbaum.

Wer Weihnachten nichts abgewinnt, kann die freie Zeit zum Ausspannen nutzen.

Wer Kinder hat, für den dürfte dies nicht so einfach sein; Kinderlose haben dagegen die freie Wahl. Wie wäre es damit, die freien Tage einfach zu Hause zu verbringen, Filme zu schauen und einfach mal nichts zu tun? Wem das schwerfällt, der sollte vielleicht eine Reise machen und dem Winter entfliehen. Unter Palmen kann man alles, was mit dicken Männern in roten Mänteln zu tun hat, vergessen – wenn nicht die Globalisierung längst dazu geführt hätte, dass selbst in Ländern wie China allmählich bunt geschmückte Tannenbäume (aus Plastik) auftauchen. Man müsste also schon auf die Osterinseln fahren – und vermutlich wird selbst dort mittlerweile jedes Jahr die Tanne aufgestellt.

Nicht nur die Weihnachtsfans sind weltweit vernetzt, auch die Weihnachtsmuffel schmollen längst nicht mehr für sich allein. Auf zahlreichen Internetseiten und Foren tauschen Gleichgesinnte sich über ihre Abneigung aus und bekommen den einen oder anderen Tipp zur Weihnachtsflucht. Egal, zu welcher Fraktion man sich nun zählt – das Weihnachtsfest führt doch alle wieder zusammen.

Weihnachtsgans

Der Duft nach Rotkohl, Klößen und einer knusprig gebratenen Weihnachtsgans darf an Weihnachten in fast keinem deutschen Haushalt fehlen. Wahrscheinlich lässt sich die Weihnachtsgans auf die Sage um Sankt Martin zurückführen. Da der Wohltäter gegen seinen Willen zum Bischof von Tours geweiht werden sollte, versteckte er sich in einem Gänsestall. Die Gänse verrieten ihn durch ihr lautes Geschnatter, und so wurde er doch noch Bischof.

Heute muss man die Gans glücklicherweise nicht mehr selbst rupfen.

Seitdem wird am 11. Dezember eine Martinsgans verzehrt. Am 25. Dezember verspeiste man ursprünglich einen Schweinebraten; dieser wurde allmählich von der Weihnachtsgans verdrängt.

Meist wird die Gans am ersten oder zweiten Weihnachtsfeiertag gegessen. Bei der klassischen Zubereitungsart wird der Vogel mit einer Mischung aus Äpfeln und Beifuß gefüllt. Es gibt aber zahllose weitere Rezeptvarianten.

Einer knusprig gebackenen Gans können nur die wenigsten widerstehen.

Gänseexperten zufolge ist es ratsamer, direkt bei einem Geflügelhof einzukaufen und darauf zu achten, dass die Tiere mehr Muskelfleisch und weniger Fett auf die Waage bringen.

Früher tötete und rupfte man auf dem Land die Gans noch selbst, heute überlässt man dies meist dem Fleischer. Sonst würde es einem vielleicht ergehen wie den Kindern von Kammersänger Luitpold Löwenhaupt im Märchen von der „Weihnachtsgans Auguste“:

Löwenhaupt bringt eine Gans mit nach Hause, die zum Fest gebraten werden soll. Die Löwenhaupt'schen Kinder freunden sich jedoch mit der zutraulichen Gans an und geben ihr den Namen Auguste. Kurz vor dem Fest wird Gustje mit Schlaftabletten eingeschläfert und gerupft. Am nächsten Tag erwacht sie jedoch überraschend wieder, und der Vater sieht davon ab, die Gans zu schlachten. Da sie sehr friert, strickt man ihr einen Pullover, und von nun an lebt sie noch viele Jahre glücklich im Hause Löwenhaupt.

Weihnachtsgeld

Für ein schöneres Weihnachtsfest und größere Geschenke

Allzu oft ist Weihnachten heutzutage verbunden mit ganz und gar nicht besinnlichen materiellen Fragen, Dingen und Interessen. So stürzen wir uns jedes Jahr erneut in den saisonalen Einkaufsstress, und meist hinterlässt die festlichste Zeit des Jahres eine unschöne und nachhaltige Delle auf dem Konto. Da trifft es sich sehr gut, dass zum Jahresende in vielen Betrieben ein 13. Monatsgehalt ausgezahlt wird, das sogenannte Weihnachtsgeld.

Heute gehört es für viele Menschen selbstverständlich zum Jahresgehalt und wird fest eingeplant. Das 13. Monatsgehalt gibt es jedoch noch gar nicht so lange. Der Grundstein für die zusätzliche Leistung wurde Ende des 19. Jahrhunderts mit der Sozialgesetzgebung des Reichskanzlers Otto von Bismarck gelegt. Die Lebensverhältnisse der Arbeiterschaft im Deutschland der Industrialisierung waren unhaltbar geworden, und so befürchtete die Regierung Streiks und Revolten. Die Forderungen nach Mindestlöhnen, kürzeren Arbeitszeiten und zahlreichen Verbesserungen der Arbeitsbedingungen wurden dann auch 1871 in einem Tarifvertrag festgehalten. Dennoch fürchtete Bismarck einen Umsturz der bestehenden Gesellschaftsordnung und erließ kurze Zeit später Verbote gegen Gewerkschaften und sozialdemokratische Vereine. Um die Autorität der Regierung zu sichern, führte Bismarck bald darauf Kranken-, Unfall- und Rentenversicherung ein. Trotz des zweifelhaften Anlasses schuf der Reichskanzler damit die Basis für noch heute existierende Gesetze. Nach dem Chaos der beiden Weltkriege wurden im Jahr 1948 wieder die Tarifverträge eingeführt, und etwa zur gleichen Zeit begann ein hartnäckiger Kampf um eine Entgeltfortzahlung im Krankheitsfall und die Einführung von Urlaubs- und Weihnachtsgeld. Im öffentlichen Dienst gab es die Sonderzahlungen dann erstmals 1954, und viele andere Branchen zogen relativ schnell nach. Bis heute bleibt das Weihnachtsgeld aber eine freiwillige Leistung des Arbeitgebers, und grundsätzlich besteht kein gesetzlicher Anspruch. Allerdings ist die Zahlung des 13. Monatsgehalts meist tarifvertraglich festgelegt. Manchmal zahlt ein Arbeitgeber auch ohne Festlegung das Weihnachtsgeld. Wenn er sich dabei nicht ausdrücklich ein Widerrufsrecht vorbehält, entsteht nach drei Jahren ein sogenannter Anspruch aus betrieblicher Übung.

Das Geld zum Fest ist keine Selbstverständlichkeit, sondern ein freiwilliger Bonus.

Es darf sich also glücklich schätzen, wer Weihnachtsgeld bekommt. So wird er dem nächsten Geschenke-Einkauf-Marathon etwas gelassener entgegensehen.

Weihnachtsgeschichte

„Es begab sich aber zu der Zeit, als ein Gebot von dem Kaiser Augustus ausging ..." – Den meisten Menschen im christlich geprägten Kulturkreis, selbst wenn sie nicht religiös sind, werden diese Worte wohl bekannt vorkommen. Es handelt sich nämlich um den Anfang der Geschichte von Jesu Christi Geburt, im Allgemeinen bekannt unter dem Begriff „Weihnachtsgeschichte". Die Geschehnisse rund um die Geburt Christi werden im Neuen Testament von den Evangelisten Lukas und Matthäus beschrieben. Lukas schreibt über die Volkszählung, wegen der Josef und Maria nach Bethlehem zogen, und belegt damit Bethlehem als Geburtsort des Messias. Er erzählt auch von den Hirten, die von den Engeln dazu aufgerufen werden, dem Neugeborenen zu huldigen – und damit endet auch schon die Weihnachtsgeschichte nach Lukas. Der Teil, der von den Heiligen Drei Königen handelt, entstammt dem Matthäus-Evangelium. Matthäus schreibt von Magiern, die aus dem Osten kommen, um den neugeborenen König der Juden zu beschenken und zu ehren. Auf dem Weg nach Bethlehem, wo Josef und Maria wohnen, kommen sie durch Jerusalem, und König Herodes wird auf die Geburt des zukünftigen Rivalen aufmerksam. Daraufhin verordnet er den sogenannten „Kindermord von Bethlehem", dem Jesus jedoch entgeht. Die heute dargestellte Version der Weihnachtsgeschichte ist also eine Verknüpfung der beiden Evangelien.

Die Weihnachtsgeschichte erzählt von der Geburt Jesu Christi.

Inwiefern diese Geschichte der Geburt Christi in ihren Einzelheiten der Realität entspricht, ist nicht eindeutig zu klären, und viele Historiker und Theologen gehen davon aus, dass es sich größtenteils um historische Fiktion handelt. Belege dafür seien die häufigen Bezüge auf historische Gestalten wie Herodes oder Augustus, die sonst in der Bibel eher selten zu finden sind. Außerdem beziehe sich vor allem Matthäus auf alt-testamentarische Prophezeiungen,

Die Geschichte entsprang den Gedanken der Apostel Lukas und Matthäus und entspricht nicht immer der historischen Realität.

die Geburtszeit und -ort des Messias betreffen, und man könne einige Widersprüche zwischen Lukas- und Matthäus-Evangelium finden. Vieles scheint also darauf hinzudeuten, dass aus dem eher mythischen Geschehen ein historisches gemacht werden sollte. Einig ist man sich allerdings darüber, dass Jesus nicht im Jahre Null geboren wurde, sondern vier bis zwölf Jahre vorher, und dass außerdem der Geburtsmonat nicht Dezember war. Erst im 4. Jahrhundert n. Chr. begann man, das Weihnachtsfest offiziell am 25. Dezember zu feiern.

Auch wenn heute allgemein akzeptiert ist, dass das Weihnachtsdatum und damit auch das Fest eher symbolischen Charakter hat, bleibt es dennoch das größte und beliebteste religiöse Familienfest der christlichen Welt katholischer und evangelischer Prägung. Dennoch: Ostern ist natürlich nach wie vor der höchste kirchliche Feiertag.

Weihnachtsgeschichten

Wie schön kann es sein, sich in der Vorweihnachtszeit gemütlich aufs Sofa zu lümmeln und mit der ganzen Familie besinnliche Geschichten zu lesen. Am besten mit Plätzchen und einer Tasse Tee. Die Auswahl an Weihnachtsgeschichten ist riesig, und sicher findet sich etwas für jeden Geschmack. Es gibt lustige Geschichten, solche, die uns zum Nachdenken anregen, und natürlich solche, die einfach nur eine gemütliche Atmosphäre verbreiten. Ein beliebter Grundaufbau, der auch oft in Weihnachtsfilmen verwendet wird, ist ein mehr oder weniger schlimmer Anfang der Geschichte. Nach einigem Hin und Her wird pünktlich zum Fest dann aber doch noch alles gut, und natürlich schneit es in dicken Flocken.

Die Auswahl an Weihnachtsgeschichten ist riesig. Eine der bekanntesten ist Dickens' „Christmas Carol".

Ob typische Weihnachtsmärchen oder Krimis von Agatha Christie – die Auswahl an Weihnachtsliteratur ist groß.

Eine der bekanntesten und auch beliebtesten Weihnachtsgeschichten ist wohl „A Christmas Carol" von Charles Dickens. Er veröffentlichte diese Geschichte im Jahr 1843, um die Aufmerksamkeit auf die Nöte der armen Menschen zu lenken. Hauptfigur ist der hartherzige und überaus geizige Geschäftsmann Ebenezer Scrooge, der nie auf die Idee käme, anderen Menschen etwas Gutes zu tun, nicht einmal in der Weihnachtszeit. Eines Abends erscheint ihm sein verstorbener Geschäftspartner Marley und prophezeit Scrooge, dass ihn nach dem Tod Schlimmes erwartet, wenn er sein Leben nicht grundlegend ändert. In der gleichen Nacht erscheinen in seinem Haus drei Geister, die ihn so schockieren, dass er beschließt, sein Leben zu ändern und von nun an ein guter Mensch zu sein. Dickens' Geschichte wurde unzählige Male verfilmt, wobei jedoch die Muppets-Weihnachtsgeschichte eine der schönsten Filmversionen bleibt.

Gern werden natürlich auch die altbekannten Märchen gelesen, und für alle, die eine allzu harmonische Stimmung fürchten, gibt es sogar spezielle Weihnachtskrimis.

Weihnachtsgrüße

In den meisten Ländern der Welt spricht man sich zu besonderen Anlässen gegenseitig gute Wünsche aus. Schon im alten China wurden Wünsche zum neuen Jahr versendet.

In aller Herren Länder wünscht man sich Glück und Gesundheit.

Heute gibt es für jeden Anlass die passende Karte. Eines der wichtigsten Ereignisse ist wohl das Weihnachtsfest.

Damit Sie auch im Ausland eine gute Figur machen, haben wir eine Auswahl an internationalen Grüßen zusammengestellt.

Um bei den Briten herzlich aufgenommen zu werden:

Merry Christmas and a happy new year

Dank vorgedruckter Karten kann man Weihnachtsgrüße in die ganze Welt verschicken.

Franzosen freuen sich immer, wenn man ihre Sprache spricht:

Joyeux Noël et bonne année

Der Gruß bei den Italienern:

Buon Natale e felice anno nuovo

Niederländisch ist dem Deutschen ziemlich ähnlich:

Vrolijk Kerstfeest en een gelukkig nieuw jaar

In Schweden wünscht man:

God Jul och ett Gott Nytt År

Diese Worte kann man nicht nur in der Türkei gut gebrauchen:

Noeliniz ve yeni yiliniz kutlu olsun.

Für unsere polnischen Nachbarn:

Wesołych Świąt i Szczęsliwego Nowego Roku

Zur Freude der portugiesischen Seefahrer:

Boas Festas e um prospero ano novo

Falls man Väterchen Frost im russischen Wald begegnet:

С Рождеством Христовым! С Новым годом! (S Rhozdestvom Khristovym! S Novym Godom!)

Feliz Navidad!
Joyeux Noël!
Sretan Bozic!
Craciun fericit!
Seng Dan Fai Lok!
Frohe Weihnachten!
Buon Natale!
Shubh Naya Baras!
Schéi Krëschtdeeg!
Kala Christougenna!
Nollaig Shona Dhuit!
Merry Christmas
Pozdrevlyayu s prazdnikom Rozhdestva!
God Jul!
Vrolijk Kerstfeest!
Shinnen omedeto!
Mele Kalikimaka!
Boas Festas!

Weihnachtskarpfen

Der Karpfen gilt als traditionelles und feierliches Fastenessen am Heiligabend. In Süddeutschland beispielsweise wird der Fisch am Vorabend ausgenommen und in Buttermilch eingelegt, um den strengen Geschmack zu mildern. Im nördlichen Teil Deutschlands ist besonders der Karpfen blau beliebt. Er wird nach speziellem Rezept gekocht und mit Kartoffeln serviert, oft wird er auch gefüllt. In Franken wird der ganze Fisch gebacken, so dass man sogar die krossen Flossen mitessen kann. All die verschiedenen Zubereitungen haben aber eins gemeinsam: Den Karpfen kauft man lebend, meist schon ein paar Tage vor dem heiligen Fest. Bis zum Stichtag darf er dann in der Badewanne schwimmen, das verhindert einen schlammigen Geschmack. Häufig führt dies allerdings auch zu unerwarteten Familiendramen, wenn die Kinder dem neuen Haustier schon einen Namen gegeben haben und vehement gegen die Schlachtung des Fisches eintreten.

Traditionell isst man den Karpfen an Heiligabend. Mit ihm verbindet sich ein reiches Brauchtum.

Erst in die Badewanne, dann auf den Tisch. Damit der Karpfen richtig gut schmeckt, muss er vorher kräftig gewässert werden.

Der Karpfen stammt aus Asien und wurde von den Römern nach Europa gebracht. Im Mittelalter wurde er zunehmend in Klosterteichen gezüchtet, denn Fisch galt schon damals als idealer Fleischersatz während der Fastenzeit. Auch die Adventszeit ist eine Fastenzeit, die erst am ersten Weihnachtsfeiertag endet. So gönnt man sich noch heute am letzten Tag des Verzichts, dem Heiligabend, einen leckeren Karpfen. Aus dem Mittelalter stammen auch zahlreiche abergläubische Bräuche in Verbindung mit dem Fisch. Wer eine Schuppe bei sich trägt, erlebt im nächsten Jahr einen Geldsegen. Eine besondere religiöse Bedeutung hatten die Fische, weil man glaubte, dass aus ihren Köpfen die Marterwerkzeuge Christi stammten. Darüber hinaus galt der Karpfen als Mittel gegen Epilepsie, Schlaganfälle und Nasenbluten.

Das Karpfenessen hat also eine lange und illustre Tradition.

Weihnachtskarte

Es gehört heute zu einer der festen Weihnachtstraditionen, in der Adventszeit vorgedruckte Karten an Freunde, Bekannte und Verwandte zu senden. Diesen Brauch gibt es schon recht lange, und man schreibt ihn hauptsächlich einer Erfindung des Engländers Henry Cole im Jahre 1843 zu. Der Leiter der „Schule für praktische Kunst" in London war so überfordert mit dem Schreiben der vielen Weihnachtsbriefe, dass er kurzerhand seinen Freund John Calcott Horsley um den Entwurf einer Karte mit vorgedrucktem Text bat. Dieser zeichnete daraufhin eine Grußkarte mit der Inschrift „Merry Christmas and a happy new year to you". Das Bildmotiv der Karte stellte eine typische viktorianische Familienfeier dar. Alle Anwesenden hielten ihr Glas hoch und prosteten scheinbar dem Empfänger der Karte zu. Unter Puritanern soll diese Darstellung heftige Kritik ausgelöst haben, da sie der Meinung waren, dass solcherlei Bilder eine Verführung zur Trunksucht darstellten. Henry Cole brauchte seine handkolorierten Karten nur noch zu signieren, und schon waren sie fertig. Die verbleibenden 1.000 Stück ließ er von Kunst- und Buchhändlern verkaufen, für den damals sehr hohen Preis von einem Schilling, was sofort zu Kritik an der fortschreitenden Kommerzialisierung führte – auch dies gab es also bereits im 19. Jahrhundert. Dabei entstand die Idee zu den vorgedruckten Karten weniger aus Profitgier denn aus Zeitmangel. Der Grundstein für den kommerziellen Vertrieb von weihnachtlichen Grußkarten war aber trotzdem gelegt, und nur wenige Jahre später begann die industrielle Produktion. Unterstützt wurde die Verbreitung der „Fertigkarte" vor allem durch das Aufkommen der ersten Briefmarke, der „Penny Post", die das gesamte Postwesen sehr vereinfachte. Die Karten wurden immer beliebter, und bereits um die Jahrhundertwende entwickelte sich das Verschicken von Weihnachtsgrüßen zu einem

Sie stammt aus dem England des 19. Jahrhunderts.

regelrechten Volkssport. Henry Cole gilt zwar als der Vater der vorgedruckten Weihnachtskarte, bedruckte Glückwunschkarten kannte man allerdings schon seit Langem. Die Weihnachtskarten im 19. Jahrhundert trugen nicht zwingend weihnachtliche Motive. So gab es Karten mit berühmten Schauspielern, Sommerszenen oder Segelbooten, aber natürlich auch mit Winterlandschaften oder Engelsbildern. Neben den herkömmlichen Karten aus Karton gab es solche mit Einsätzen aus Seiden- oder Spitzenpapier, und häufig wurde ihr festlicher Charakter noch durch Gold- und Silberstaub oder ähnliche Accessoires unterstrichen. In den USA startete die Massenproduktion erst im Jahr 1874 durch Louis Prang. Die geschmackvollen Karten waren sehr beliebt, und bald produzierte er jährlich bis zu fünf Millionen Stück. Auch in Deutschland schloss man sich der allgemeinen Kartenproduktion an, aber die meisten wurden zunächst für den Export gefertigt. Doch irgendwann siegte auch bei uns die Bequemlichkeit, und immer mehr gaben der vorgedruckten Karte den Vorzug.

Heute gehört das Schreiben von Weihnachtspost fest zu den Pflichten vor Weihnachten.

Weihnachtslieder

In der Vorweihnachtszeit sind wir ständig umgeben von Weihnachtsliedern. In jedem Geschäft und in jeder Straße verfolgen uns die nicht immer gelungenen Versionen altbekannter Lieder in der Absicht, uns auf das bevorstehende Fest einzustimmen und zum Kauf von Geschenken anzuregen. So manch einem vergeht da die Lust, am Weihnachtsabend im Kreise der Familie zu singen, und wenn überhaupt, wird meist nur noch in der Kirche gesungen. Denn dort hat das Weihnachtslied seinen Ursprung. Es war allgemein während der Mitternachtsmesse üblich, Dank- und Loblieder zu singen, und ab dem 11. Jahrhundert mischten sich diese dann mit anderen deutschen Liedern.

Die volkstümlichen Gesänge haben eine lange Tradition.

Das älteste schriftlich überlieferte Weihnachtslied stammt wahrscheinlich aus dem 13. Jahrhundert und heißt „Sei uns willkommen, Herre Christ". In den Frauenklöstern des Mittelalters wurden oft Wiegenlieder gesungen, auch diese fanden später Eingang in das allgemeine Liedgut. Eines der ältesten bekannten Wiegenlieder ist wohl „Joseph, lieber Joseph mein" aus dem 14. Jahrhundert.

Wenn man die Texte nicht mehr kennt, kann ein Liederbuch helfen.

Zur Zeit der Reformation gab es dann einen regelrechten Aufschwung in Sachen Weihnachtslied, und alte weltliche Lieder wurden oftmals mit einem neuen Text versehen. Martin Luther schrieb sogar selbst einige Lieder, darunter die noch heute bekannten „Vom Himmel hoch" und „Vom Himmel kam der Engel Schar". Lange Zeit blieb das Singen von Weihnachtsliedern fast ausschließlich auf den kirchlichen Raum beschränkt, und erst Mitte des 16. Jahrhunderts begann man zunehmend, auch im häuslichen Kreise zu musizieren und zu singen.

Die eigentliche Dichtung von Weihnachtsliedern begann erst, als die ersten Liederbücher veröffentlicht wurden, allerdings beschränkte sich das Neu-Erfinden von Liedern immer noch hauptsächlich auf das Dichten neuer

schöne Gaben gehen nun von Hand zu Hand. Jedes Kind
jedes Kind in jedem Land. Leuchte, Licht, mit hellem
Sind die Lichter angezündet, rings ist jeder Raum erhellt. Weihnachtsfried
überall soll Friede sein.
Leuchte, Licht, mit hellem Schein,
Leise rieselt der Schnee
Worte: Erika Engel · Musik: Hans Sandig
1. Lei- se rie- selt der Schnee, still und starr liegt der See;
weih- nacht- lich glän- zet der
Christkind kommt bald.

Texte und weniger auf die Komposition von Melodien. Diese damals äußerst geläufige Technik, die auch Johann Sebastian Bach für sein Weihnachtsoratorium anwendete, nennt man Contrafaktur.

Im 17. und 18. Jahrhundert, als in den gutbürgerlichen Familien das Weihnachtsfest so, wie wir es heute noch feiern, aufkam, verblasste der religiöse Hintergrund immer mehr, es gab eine regelrechte Abkehr von der Kirche. Das machte sich auch in den neuen Liedern bemerkbar.

Die Inhalte gingen stark ins Materielle, und der Bezug auf Weihnachten als Fest des Kindes spielte eine immer größere Rolle. Man sang nun von Geschenken, Tannenbäumen oder auch vom Wintervergnügen im Schnee. Aus dieser Zeit stammen aber auch einige der heute populärsten Weihnachtslieder mit religiösem Hintergrund, zum Beispiel „Tochter Zion" oder „O du fröhliche".

Früh übt sich – jedes Kind kennt die beliebtesten Weihnachtslieder.

Zur Wende vom 19. auf das 20. Jahrhundert kam schließlich eine Jugendbewegung auf, die sich unter anderem wieder auf die althergebrachten Volksweisen besann, dabei erfreuten sich vor allem Marien- und Wiegenlieder großer Beliebtheit. Für diesen neuen Kult gab es keine wirklichen religiösen Hintergründe, vielmehr handelte es sich um eine nostalgische und mystisch-verklärende Rückbesinnung auf ältere Zeiten.

Zur Zeit des Nationalsozialismus wurden Versuche unternommen, den religiösen Aspekt des Weihnachtsfestes vollständig zu verdrängen; so wurden zahlreiche Lieder umgedichtet.

Heute ist unser Repertoire an Liedern zunehmend geprägt durch Einflüsse aus dem angelsächsischen Raum, doch die weltweit bekanntesten und beliebtesten Weihnachtslieder sind immer noch die traditionellen: „Stille Nacht, heilige Nacht", das in etwa dreihundert Sprachen übersetzt wurde, und „O du fröhliche".

Weihnachtsmann

Jedes Kind kennt ihn und wartet sehnsüchtig auf seine Ankunft. Der Weihnachtsmann lebte in der Vorstellung der Kinder mal am Nordpol, mal in Lappland.

Es ist ja ein weitverbreiteter Irrglaube, der Weihnachtsmann, auf Englisch auch Santa Claus genannt, sei zu Werbezwecken von einem wohlbekannten Getränkehersteller erfunden worden. Ganz so einfach ist die Sache nicht. Man geht davon aus, dass die Figur des gutmütigen, dickbäuchigen Mannes schon Mitte des 19. Jahrhunderts in Europa entstand. Eine Zeichnung von Moritz Schwind aus dem Jahr 1847 stellt einen alten Mann mit Pelzmantel dar, der als „Vater Winter" bezeichnet wird. Von diesem Bild sollen alle weiteren Vorstellungen des Weihnachtsmannes angeregt worden sein.

Weißer Bart und roter Mantel – das Aussehen des heutigen Weihnachtsmannes ist die Erfindung eines Getränkeherstellers.

Hauptsächlich geht die Figur auf den heiligen Nikolaus zurück, ein Bischof im 4. Jahrhundert, der lange Zeit die Kinder beschenkte. Er hat darüber hinaus auch Eigenschaften, die man früher dem Kinderschreck Knecht Ruprecht zuschrieb. So ist er meist zwar freundlich, kann aber unartige Kinder durchaus auch bestrafen. Die erste Zeichnung, die den gutmütigen Santa Claus schon mit rotem Mantel und weißem Bart darstellt, stammt aus dem Jahr 1863 und wurde vom Karikaturist Thomas Nast veröffentlicht. Nast war ein europäischer Auswanderer in den USA, was nochmals unterstreicht, dass der Weihnachtsmann ursprünglich aus Europa stammt. Sein aktuelles Erscheinungsbild und den englischen Namen verdankt er allerdings tatsächlich der Werbekampagne eines Getränkeherstellers aus dem Jahr 1931. Die Figur entwarf der schwedisch-amerikanische Werbegrafiker Haddon Sundblom. An dieser Figur festhaltend verkleiden sich heute am Heiligabend Opa, Vater oder Nachbar mit dem immer gleichen Kostüm, einem weißen Bart, einem roten Mantel, Geschenkesack und Rute. Denn ein leibhaftiger Weihnachtsmann darf für die Kinder bei der Bescherung schließlich nicht fehlen. So ist es nicht verwunderlich, dass das

Verkleiden als Weihnachtsmann zu einem echten Dienstleistungszweig geworden ist und am Heiligabend hunderte von Studenten ausschwärmen, um mit elterlichen Geschenken und Rute bestückt den voller Erwartung und Vorfreude wartenden Kinder das Weihnachtsfest zu versüßen und Besserungsversprechen hervorzulocken. Denn Eltern haben schon längst den Nutzen des Festes als wirkungsvolle Erziehungsmaßnahme erkannt.

In manchen Ländern nimmt man immer noch an, dass der Weihnachtsmann am Nordpol lebt. Da dort aber seine Rentiere kaum Nahrung fänden, hat man seinen Wohnsitz ins finnische Lappland verlegt. Dort lebte er erst am Korvatunturi, dem „Ohrenberg", in der Nähe der russischen Grenze. Es heißt, der Berg habe die Form eines Ohres und mit dessen Hilfe könne der Weihnachtsmann die Wünsche aller Kinder der Welt hören – aber auch, ob sie sich gehorsam betragen haben. Schon Ende der zwanziger Jahre wurde dann die Hauptstadt der Provinz Lappland, Rovaniemi, zum zweiten Wohnsitz des Weihnachtsmannes, da der „Ohrenberg" doch recht weit abgelegen ist. Seit 1985 wird dieser Umstand touristisch vermarktet; so entstand in Rovaniemi das „Weihnachtsmann-Dorf". Besucher können dort das ganze Jahr über den „leibhaftigen" Weihnachtsmann begrüßen, ihre Wünsche vortragen und auch seine Helfer, die Wichtel, kennenlernen. Und natürlich gibt es dort auch ein Weihnachtspostamt, das Briefe an den Weihnachtsmann aus aller Welt sammelt und beantwortet. Dieses Postamt hat zahlreiche Zweigstellen, unter anderem auch in Deutschland.

Das wohl bekannteste Weihnachtspostamt liegt im brandenburgischen Himmelpfort, wo die freiwilligen Helfer des Weihnachtsmannes jährlich an die 200.000 Briefe beantworten. Heute ist der Weihnachtsmann eine Symbolfigur des weihnachtlichen Schenkens geworden und ist für Groß und Klein nicht mehr wegzudenken.

Das gute alte Weihnachtsmannkostüm wird in vielen Familien pünktlich zur Weihnachtszeit vom Dachboden geholt.

Weihnachtsmarkt

Wenn die Tage kürzer werden und die Adventszeit beginnt, darf der obligatorische Besuch auf dem Weihnachtsmarkt natürlich nicht fehlen. Man kann sich von den Zuckerbäckern mit Lebkuchen und Christstollen verwöhnen lassen, es gibt gebrannte Mandeln und Zuckerwatte, und auch für den herzhaften Geschmack ist etwas zu finden, häufig Bratwürste oder leckere Backkartoffeln. Dazu gönnt man sich einen Glühwein – der wärmt und belebt die Sinne. So ist man gut gerüstet, um an den verschiedenen Ständen vorbeizuschlendern, auf der Suche nach Weihnachtsgeschenken oder passender Dekoration fürs Zuhause. Auf den meisten Märkten reicht das Angebot von Christbaumkugeln über Holzarbeiten bis hin zu handwerklichen Produkten, aber auch Profanes gibt es zu kaufen, etwa CDs, Wäsche und jede erdenkliche Form von Kitsch. Besonders den Kindern macht der Besuch auf dem schönsten Markt des Jahres großen Spaß. Das ist kein Wunder, wenn man bedenkt, dass dort oft Weihnachtsmänner und Christkinder kleine Geschenke verteilen und eine Krippe, teils sogar mit echten Tieren, oder gleich ein ganzer Streichelzoo speziell für die Kleinen bereitsteht. Fast alle großen und kleinen Städte veranstalten einen Weihnachtsmarkt. Der wohl größte ist der „Berliner Weihnachtsmarkt", wobei man fairerweise sagen muss, dass es sich um 45 verschiedene Märkte in allen Bezirken der Stadt handelt. Sehr bekannt ist sicher der „Weihnachtszauber am Gendarmenmarkt", der besonders durch seine historische Atmosphäre besticht. Der Markt besteht ausschließlich aus weißen Zelten, an deren Spitzen Herrnhuter Sterne angebracht sind. Hauptsächlich ist hier Kunsthandwerk zu bestaunen.

Gebrannte Mandeln, Glühwein und Märchenland – das Erlebnis für die ganze Familie

Auf dem Striezelmarkt in Dresden steht die größte erzgebirgische Pyramide.

Der weltweit berühmteste Weihnachtsmarkt ist der „Christkindlesmarkt" in Nürnberg. Er ist direkt am Hauptmarkt in der pittoresken Altstadt angesiedelt, wo er sich im 17. Jahrhundert

LÖWEN-APOTHEKE
zeitungen

aus dem normalen Wochenmarkt entwickelte. Eine Besonderheit ist die Wahl eines Christkindes, die alle zwei Jahre stattfindet und bei der die Bürger der Stadt mitentscheiden dürfen. Das Christkind eröffnet den Weihnachtsmarkt und übernimmt zahlreiche Verpflichtungen in sozialen Einrichtungen. Eine weitere Eigenheit des Nürnberger Marktes ist der sogenannte „Partnerstädte-Markt", auf dem alle Partner der Stadt sich und ihre jeweiligen Spezialitäten vorstellen. Natürlich fehlen auch die Nürnberger Lebkuchen und die berühmten Bratwürste nicht, und so ist der „Christkindlesmarkt" in Nürnberg auf jeden Fall eine Reise wert.

Ein Besuch auf dem Weihnachtsmarkt sorgt für Stimmung.

Ebenfalls eine Berühmtheit ist der Dresdener Striezelmarkt, der zu den schönsten Weihnachtsmärkten Deutschlands zählt. Zu verdanken haben wir ihn dem sächsischen Kurfürst Friedrich II, der im Jahre 1434 an einem Tag jeder Woche einen Fleischmarkt zur Versorgung für die Winterzeit genehmigte. Im Laufe der Jahre wuchs dieser immer weiter an, und mittlerweile gehört er zu den ältesten bekannten Märkten. Sein ungewöhnlicher Name leitet sich vom Christstollen her, der im Mittelhochdeutschen „Strutzel" oder eben „Striezel" genannt wurde. Besucher finden auf dem „Dresdner Striezelmarkt" neben dem echten Dresdner Christstollen außerdem die ganze Vielfalt an sächsischer und erzgebirgischer Volkskunst – Räuchermännchen, Weihnachtspyramiden, Schwibbögen, Plauener Spitze und Keramik aus der Lausitz. Und auch die Kinder kommen ganz auf ihre Kosten, gibt es doch einen riesengroßen Adventskalender, an dem jeden Tag der Weihnachtsmann ein Türchen öffnet. Auch die mit 14,61 Meter Höhe größte erzgebirgische Weihnachtspyramide wird Kinderaugen zum Leuchten bringen.

Machen Sie es doch einfach wie viele Familien und schauen Sie sich jedes Jahr einen anderen Markt an. Das stimmt auf Weihnachten ein, und ganz nebenbei lernen Sie Deutschland etwas besser kennen.

Weihnachtsoratorium

Das Weihnachtsoratorium von Bach ist eines der beliebtesten klassischen Werke für die Weihnachtszeit.

Ob großes Konzerthaus oder kleine Kirche, ob Profi- oder Laienchor – weltweit wird Johann Sebastian Bachs Oratorium in der Weihnachtszeit wahrscheinlich hunderte Male aufgeführt.

Es handelt sich allerdings gar nicht um ein Oratorium im eigentlichen Sinne, sondern um einen Kantaten-Zyklus, den Bach für die sechs Gottesdienste vom ersten Christtag bis zum Epiphaniasfest komponierte. Da die erzählte Geschichte aber fortlaufend ist, nannte Bach sie „Oratorium". Zum Jahreswechsel 1734/35 wurde das Werk in der Thomaskirche zu Leipzig uraufgeführt.

Das großartige Werk Bachs wird in der Weihnachtszeit überall aufgeführt, so auch in der St. Michaeliskirche in Hamburg.

Die Teile I bis III wurden ursprünglich an den drei Weihnachtstagen dargeboten und erzählen von der Geburtsgeschichte Christi; Teil IV wurde am Neujahrstag aufgeführt, am Fest der Beschneidung Christi. Teil V erzählt von der Namensgebung, und der letzte Teil berichtet von den Heiligen Drei Königen und wurde am 6. Januar, dem Epiphaniasfest, aufgeführt. Johann Sebastian Bach nahm dafür zum Teil vorhandene Musikstücke und änderte nur den Text. So wurde zum Beispiel aus dem Stück „Tönet, ihr Pauken! Erschallet, Trompeten!" im Weihnachtsoratorium das „Jauchzet, frohlocket!". Bach nahm also weltliche Stücke und machte daraus geistliche. Diese Technik, „Parodie" genannt, war im Barockzeitalter durchaus gängige Praxis. Daneben fügte Bach allerdings zahlreiche neue Kompositionen hinzu, so dass an der Einzigartigkeit und Originalität des Oratoriums keine Zweifel bestehen können.

Heute wird das Weihnachtsoratorium nur noch sehr selten in seiner Urform an den verschiedenen Feiertagen aufgeführt. Meist werden die Teile I bis III und IV bis VI als ganze Konzerte in der Vorweihnachtszeit gegeben. Und in der Tat verbreitet das Werk eine unvergleichlich festliche Atmosphäre und stimmt gut auf die folgenden Festtage ein.

Weihnachtspopsongs

Weihnachten und Popsongs – das gehört heute einfach zusammen. Jedes Jahr von Ende November bis Anfang Januar überbieten sich die Radiosender mit dem meist gleichen Repertoire an saisonalen Hits, die in dieser Zeit dann hoch und runter gespielt werden. In den letzten Jahren entwickelte sich dabei besonders „Last Christmas" von Wham! zum Dauerbrenner, für manch einen auch zur Plage. Dabei verschwand der Hit aus dem Jahre 1984 nach seiner ursprünglichen Auswertung erst einmal in der Versenkung. Doch seit einigen Jahren taucht George Michaels Softpop-Ode an die neue Liebe auf den Spielplänen zahlreicher Radiosendern auf, und wer kein Radio hat, der wird spätestens beim Einkaufen heimgesucht von der akustischen Weihnachtswunderwaffe, denn auch immer mehr Geschäfte beschallen ihre Kunden mit Weihnachtspop von Mariah Carey, Band Aid, Melanie Thornton oder Sarah Connor, die von einer stetig wachsenden Minderheit mittlerweile als Folter angesehen werden.

Aus allen Lautsprechern schallt es zur Weihnachtszeit.

„Last Christmas" von der Gruppe „Wham!" ist zum Hit der Vorweihnachtszeit geworden.

Weihnachtssongs sind lukrativ, deshalb nehmen heute die meisten Künstler welche auf – von den Prinzen über Run DMC bis zu den Toten Hosen, alle sind beim weihnachtlichen Reigen dabei.

Eines der bekanntesten Weihnachtslieder wurde schon 1940 geschrieben. Bing Crosbys „White Christmas" wurde bis heute über 500 Mal gecovert, am besten wohl von Frank Sinatra. Elvis Presley, die Sinatra-Familie und die Supremes nahmen ganze Weihnachtsalben auf. Und auch John Lennon trug mit seinem „Merry Christmas (War is over)" zum wachsenden Repertoire des Weihnachtspops bei, obwohl sich die Beatles diesem Trend noch verweigert hatten. Anspruchsvolle Hörer aber greifen an Weihnachten seit jeher zu den Weihnachtsalben von Mahalia Jackson und Ella Fitzgerald. Die sind so gut, dass man sie das ganze Jahr hören kann.

Weihnachtspunsch

Der süße Punsch stammt ursprünglich aus Indien und wurde von den Briten nach Europa gebracht.

Die Weihnachtszeit ist angebrochen, und ein Besuch auf dem Weihnachtsmarkt gehört nun für jeden zum Pflichtprogramm. Gegen die eisige Kälte hilft ein heißes Getränk mit Nelken, Zimt, Honig, Kandis und Ingwer. Hier ist natürlich vom Weihnachtspunsch die Rede. Der ist meist sehr süß und aromatisch und wärmt an kalten Wintertagen die Sinne.

Er wärmt an kalten Tagen – ob auf dem Weihnachtsmarkt oder auf dem heimischen Sofa.

Ursprünglich kommt der Punsch aus Indien, wo er „Panc" genannt wird. Das bedeutet so viel wie „fünf" und leitet sich aus den fünf Grundzutaten Arrak – einer Spirituose aus Palmenzucker und Reis –, Zucker, Zitronensaft, Wasser und Gewürzen ab. Die englischen Seefahrer lernten das Getränk dort kennen und nannten es „punch". Im 17. Jahrhundert brachte die British East India Company das Getränk nach Großbritannien. Der Arrak wurde durch Rum, Wasser, Tee und Wein ersetzt. Bei den Briten erlangte das Heißgetränk schnell große Beliebtheit, so dass Großbritannien heute als das Stammland des Punsches gilt. Von dort aus gelangte das Getränk nach Deutschland. Damit Sie einen Weihnachtspunsch auch zu Hause genießen können, hier das Rezept:

Zutaten:

1 l starker Tee, 2 Fl. Rotwein, 1/4 l Rum,
1/2 Liter Orangensaft, 100 g Zucker,
250 g Kandis, 3 Zitronen,
4 ungespritzte Orangen, 8 Gewürznelken,
1 Stück Zimtstange

Zubereitung:

Den frisch gebrühten Tee über den Zucker gießen; Rotwein, Rum und Orangensaft zugeben. Alles erhitzen, aber nicht kochen. Dann den Kandiszucker darin auflösen. Die Orangen in Scheiben schneiden und mit Gewürzen und Zitronenschalen in den Rotweinsud geben. Alles gut durchrühren und ziehen lassen. Fertig ist der Weihnachtspunsch!

Weihnachtspyramide

Einfache Mechanik mit großer Wirkung

Zu den bekanntesten und beliebtesten Objekten des erzgebirgischen Kunsthandwerks gehören die Weihnachtspyramiden. Eine Weihnachtspyramide verbreitet in jedem Wohnzimmer eine besinnliche Stimmung, und auf öffentlichen Plätzen wird sie oft zum besonderen Blickfang. Ihren Ursprung hat die Pyramide bereits im 16. Jahrhundert. Bei kirchlichen Zeremonien stellte man einfache, mit Lichtern geschmückte Gestelle auf. Oftmals wurden Zweige verwendet; es gab aber auch aus Holzstäben gezimmerte Gestelle, die es ermöglichten auf mehreren Etagen Kerzen aufzustellen. In Sachsen, Berlin und auf dem Brandenburger Land wurden solche Pyramiden mit Bändern und Sternen aus Papier geschmückt.

Auf vielen Weihnachtsmärkten ist die Pyramide ein besonderer Blickfang.

Die erzgebirgische Weihnachtspyramide wurde vermutlich um 1800 erfunden. Als Vorbild für die Mechanik dienten die Göpelwerke im Bergbau, mit Wasser- oder Pferdekraft betriebene Anlagen zur Förderung von Erz.

Eine Pyramide besteht aus einer vier- bis achteckigen Grundplatte, auf der ein drehbarer Teller befestigt ist. Am Rand der Platte sind Kerzen angebracht, und durch die aufsteigende Wärme wird das in der Mitte angebrachte Flügelrad betrieben. Über eine senkrechte Achse drehen sich dann die Teller. Häufig drehen sich diese nicht schnell genug oder kommen ins Stocken, dann passiert es schnell, dass die hölzernen Flügel verkohlen. Man sollte die Pyramide also nie unbeaufsichtigt laufen lassen.

Auf dem Teller der Pyramide befinden sich kunstvoll geschnitzte Figuren, die früher oft Szenen aus dem Bergbau oder der Weihnachtsgeschichte darstellten. Die schönen Holzarbeiten gibt es heute in vielen unterschiedlichen Variationen. Für das kleine Wohnzimmer gibt es ein- oder zweistöckige Pyramiden; wer es etwas größer mag, findet sogar Modelle mit bis zu sechs Etagen. Im Erzgebirge werden die Weihnachtspyramiden auch heute noch in traditioneller Handarbeit angefertigt.

Weihnachtsstern

Fester Bestandteil des weihnachtlichen Dekoprogrammes ist eine Pflanze mit dem furchteinflößenden Namen Euphorbia pulcherrima, besser bekannt als Weihnachtsstern.

In kaum einem deutschen Wohnzimmer wird in der Adventszeit der Weihnachtsstern fehlen, denn seine rote Farbe und die sternförmigen Blätter passen einfach zu gut zum Fest der Feste. Botanisch betrachtet gehört die Pflanze zu den Wolfsmilchgewächsen, worauf der erste Teil des Namens, „Euphorbia", hinweist. Der Beiname „pulcherrima" bedeutet „die Schönste".

Humboldt brachte die sternförmige Pflanze nach Europa. Seitdem darf sie an Weihnachten in keinem Haus fehlen.

Der Weihnachtsstern blüht zwischen November und Februar. Zur Blütezeit werden auch die hübschen roten Blätter, die die Pflanze so markant machen, ausgebildet. Sie werden häufig fälschlicherweise für die Blüten gehalten. Die eigentlichen Blüten sind aber die kleinen, gelbgrünen Knollen in der Mitte der bunten Blätter.

Viele lieben es, den Weihnachtsstern mit Goldstaub zu dekorieren. Dies betont seine leuchtend rote Farbe.

Im Jahr 1804 brachte Alexander von Humboldt die Pflanze erstmals nach Europa. Zur Weihnachtsblume wurde sie zu Beginn des 20. Jahrhunderts, als die deutsche Auswandererfamilie Ecke anfing, die Pflanze im großen Stil zu kultivieren. Zunächst wurde der sie als Schnittblume verkauft. Züchtungserfolge in den fünfziger Jahren ermöglichten ihr dann das Überleben als Topfpflanze in geheizten Räumen. Inzwischen gibt es den Weihnachtsstern sogar in Rosa, weiß oder sogar marmoriert.

Die Beliebtheit des Weihnachtssterns ist ungebrochen: Allein in Deutschland werden jährlich ca. 35 Millionen Pflanzen verkauft, in den USA gibt es sogar den sogenannten „Poinsettia-Day" am 12. Dezember.

Wenn Weihnachten vorbei ist, werfen viele den Weihnachtsstern oft einfach weg, doch das sollte man nicht tun. Am besten stellt man ihn im Sommer nach draußen an einen sonnigen Ort, und bei guter Pflege kann man sich noch lange Zeit an ihm erfreuen.

Weiße Weihnacht

Der Wunsch nach einer weißen Weihnacht ist alle Jahre wieder groß, die Wahrscheinlichkeit dafür aber meist eher gering.

„I'm dreaming of a white Christmas." So besang schon Bing Crosby die Sehnsucht nach einer weißen Weihnacht. Rückt Heiligabend näher, so stellt sich jedes Jahr die gleiche Frage: Wird es Schnee geben, oder doch eher eine graue Weihnacht, wie meistens? Der Wetterbericht versucht schon frühzeitig vor dem Fest, die Wahrscheinlichkeit weißer Weihnachten vorauszusagen, oft aber mit wenig Erfolg. Meteorologen bedienen sich ihrer Statistiken; alte Bauernregeln wie „Viel Regen im Oktober, viel Schnee im Dezember" werden bemüht – und doch weiß man es mit Sicherheit erst am Tag selbst.

Schneit es an Weihnachten, so macht der Spaziergang gleich doppelt so viel Spaß.

Dicke Schneeflocken, Rodeln bevor der Weihnachtsmann die Geschenke bringt, Tannen mit weißer Last – für viele gehört das einfach zu einer perfekten Weihnacht dazu. Erst mit dem Schnee kommt die besinnliche Stimmung auf, der Glühwein schmeckt dann gleich richtig lecker, und die leuchtenden, festlich geschmückten Städte wirken wie eine verzauberte Winterwelt. „Leise rieselt der Schnee" – viel öfter müssen wir unseren Weihnachtsspaziergang aber im Nieselregen machen, denn die allseits ersehnte weiße Weihnacht hat Seltenheitswert.

Die Wahrscheinlichkeit eines weißen Festes ist in weiten Teilen Deutschlands erstaunlich gering. Nur in den Gebirgslagen ist regelmäßig mit rechtzeitigem Schneefall zu rechnen. Das hoch gelegene München darf sich im Durchschnitt nur alle zwei Jahre auf Schnee freuen, in Berlin und Hamburg sieht die Bilanz dagegen viel schlechter aus. Egal ob in den Höhenlagen oder im Flachland, eine weiße Weihnacht ist in unseren Breiten eine Seltenheit. Im Durchschnitt werden wir nur alle elf Jahre mit Schnee zum Fest überrascht. Deshalb sollte man nicht enttäuscht sein, wenn es dieses Jahr mal wieder nichts wird. Irgendwann gibt's bestimmt wieder „white Christmas"!

Wunschzettel

Ordnung ist das halbe Leben – das gilt auch an Weihnachten! Damit man selbst nicht den Überblick verliert, aber natürlich auch, damit der Weihnachtsmann, das Christkind oder wer auch immer der Adressat des Wunschzettels ist, den Überblick behält.

Vor allem für die Kinder spielt der Wunschzettel an Weihnachten eine wichtige Rolle. Sie müssen möglichst zeitig damit anfangen, sich zu überlegen, was sie denn gern vom Weihnachtsmann oder von den Eltern geschenkt bekommen möchten, denn meist sind die Wünsche so zahlreich, dass es schwerfällt, die besten auszusuchen. Ist der Wunschzettel an den Weihnachtsmann gerichtet, wird er oftmals in Schönschrift geschrieben und verziert, oder, sofern die Kinder noch nicht schreiben können, kunstvoll gemalt. Wenn ein Kind nicht mehr an den rot-bemantelten Mann glaubt, gestaltet es den Wunschzettel in der Regel etwas nachlässiger, schließlich beschenken einen die Eltern ja sowieso, Schönschrift hin oder her.

Damit der Weihnachtsmann auch keinen Wunsch vergisst!

Die Wünsche, die ihren Weg auf den Wunschzettel finden, sind vorwiegend materieller Natur – Spielzeug, Musik, DVDs oder auch ein neues Buch. Immaterielle Wünsche sind ja meist eher ein Anliegen der Eltern, das in der Regel vergeblich ganzjährig an die Kinder herangetragen wird. Vielleicht sollten es auch die Eltern einmal mit einem Wunschzettel versuchen. Der sähe dann wohl etwa so aus: „1. Zimmer öfter aufräumen. 2. Hausaufgaben gewissenhafter erledigen. 3. Weniger laute Musik!"

Manchmal kommt es allerdings vor, dass auch Kinder immaterielle Wünsche äußern, die dann meist nicht so einfach zu erfüllen sind. Zum Beispiel der Wunsch nach einem Geschwisterchen oder nach Eltern, die nicht mehr streiten. In diesem Fall glauben die Kinder offensichtlich noch an einen omnipotenten Weihnachtsmann, dessen Fähigkeiten keine Grenzen ge-

Kinder schreiben und gestalten ihre Wunschliste oft mit viel Sorgfalt.

setzt sind. Die Eltern stehen dann am Heiligen Abend, wenn die Stunde der Bescherung gekommen ist, schon mal vor einem Problem. Aber auch das kann ja nützlich sein, denn so kommt oft auch bisher unausgesprochener Kummer ans Licht.

Meistens werden die wichtigsten Wünsche, die auf dem Wunschzettel stehen, erfüllt, und alle sind froh. Gelegentlich kommt es aber auch zu betretenen Gesichtern, wenn die Eltern die Vorgaben des Wunschzettels einfach ignorieren. Aber zur Not kann man ja umtauschen.

Müssten Erwachsene einen Wunschzettel ausfüllen, sähe der wohl ganz anders aus. Materielle Wünsche erfüllt man sich in der Regel selbst, und wenn das nicht möglich ist, hilft meist auch kein Wunschzettel. So stünden wohl eher nichtmaterielle Anliegen auf der Liste der „Großen", und wer sollte die schon erfüllen?

Das Computerzeitalter hat, wie so oft, leider auch dem guten alten Wunschzettel jegliche Romantik ausgetrieben. So besorgt man sich heute den fertig gestylten Wunschzettel als Download. Gelegentlich nimmt der Wunschzettel auch allzu fordernden Charakter an, und es hat sicher schon Mütter oder Väter gegeben, die beim Gedanken an den drohenden Wunschzettel der Kinder Alpträume bekommen haben. Doch schlimmstenfalls lässt sich Knecht Ruprecht zu Hilfe rufen. Der hat bekanntlich eine Rute.

Zwischen den Jahren

Eine Kalenderreform stiftet Verwirrung.

Die Zeit zwischen Weihnachten und Neujahr wird von den meisten als willkommene Phase des Ausnahmezustandes wahrgenommen. Die Schüler haben Ferien, und viele Berufstätige nehmen sich Urlaub oder bummeln ihre Überstunden ab. Wir nennen diese Zeit meist „zwischen den Jahren", und bestimmt hat sich so manch einer schon lange gefragt, was es mit dieser Bezeichnung auf sich hat.

Allgemein geht man davon aus, dass der Unterschied zwischen dem julianischen und gregorianischen Kalender diesen Ausdruck geprägt hat. Der julianische Kalender blieb immer elf Minuten hinter dem Sonnenumlauf zurück, und im Laufe der Jahre verschob sich der Frühlingsanfang immer weiter nach vorn. Das hatte wiederum Konsequenzen für die Berechnung der christlichen Feiertage. Nach vielen Reformansätzen führte Papst Gregor VIII. im Jahr 1582 einen neuen Kalender ein. Man übersprang 11 Tage, und der Frühlingsanfang wurde somit wieder auf die Tag-und-Nacht-Gleiche am 21. März verschoben. Eigentlich war also alles wieder in bester Ordnung, nur dass nicht alle den neuen Kalender akzeptierten. Die protestantischen Länder und Regionen lehnten diese „papistische" Neuerung zunächst ab. Erst Ende des 17. Jahrhunderts wurde auch in den meisten protestantischen Regionen der gregorianische Kalender eingeführt. Bis dahin mussten Verträge zwischen katholischen und evangelischen Fürsten oder andere Dokumente immer mit beiden Daten versehen werden. Das hatte zur Folge, dass in der Zeit um den Jahreswechsel die Jahreszahlen unterschiedlich waren, man befand sich also irgendwie zwischen zwei Jahren.

Die Zeit zwischen Weihnachten und Neujahr kann man zum Innehalten nutzen.

All diese Dinge spielen heute keine große Rolle mehr, und die Zeit „zwischen den Jahren" gilt vor allem als Zeit zum Innehalten und Durchatmen. Man kann das vergangene Jahr in Ruhe Revue passieren lassen und zukünftige Dinge planen.

Bildquellen:

Die Abbildungen des Weihnachstbaumes © Pixelio.de.

Abbildungen auf den Seiten 10, 28, 31, 39, 59, 61, 71, 101, 105, 107, 109, 115, 147 © dpa picture alliance; Seiten 13, 15 (Rahmen), 17, 19, 21 (Rahmen), 23, 25, 26, 27, 29, 35, 36, 37, 41, 45, 47, 49, 50, 51, 53, 55, 57, 59 (Rahmen), 61 (Rahmen), 63, 65, 67, 73, 75, 77, 79, 87, 89, 91, 92, 93, 95, 101 (Rahmen), 103, 107 (Rahmen), 109 (Rahmen), 111, 113, 117, 119, 121, 123, 127, 129, 131, 133, 137, 139, 141, 147 (Rahmen), 151 (Rahmen), 153 , 157 (Rahmen), 159 © Fotolia.com; Seiten 43, 69, 81, 83, 85, 97, 135, 139 (Rahmen), 149, 155, 157 © istock.com; Seiten 21, 33, 99, 125, 145, 147, 151 © mauritius images; Seiten 8, 94, 131 © Pixelio.de; Seite 9 © Gerd Wolff/Pixelio.de; Seite 11 © Martin Schemm/Pixelio.de; Seite 15 © Rebekka Sczimarowski/Pixelio.de; Rahmen auf den Seiten 31, 73, 97, 119, 139 © Elke Sawistowski/Pixelio.de; Seite 131 © Gerd Altmann/Pixelio.de